# 아빠도 처음이라 그래

초보에서 만렙까지 진짜 아빠 되는 법

**이승한** 지음

## 아빠도 처음이라 그래
초보에서 만렙까지 진짜 아빠 되는 법

**초판 1쇄 발행** 2022년 9월 16일

**지은이** 이승한
**펴낸이** 장현수
**펴낸곳** 메이킹북스
**출판등록** 제 2019-000010호

**디자인** 김한솔
**편집** 박단비
**교정** 강인영
**마케팅** 장윤정

**주소** 서울특별시 구로구 경인로 661, 핀포인트타워 912-914호
**전화** 02-2135-5086
**팩스** 02-2135-5087
**이메일** making_books@naver.com
**홈페이지** www.makingbooks.co.kr

ISBN 979-11-6791-221-3(03590)
값 15,800원

ⓒ 이승한 2022 Printed in Korea

잘못된 책은 구입하신 곳에서 바꾸어 드립니다.
이 책의 전부 또는 일부 내용을 재사용하려면 사전에 저작권자와 펴낸곳의 동의를 받아야 합니다.

\* 책 제목 및 본문에 Mapo꽃섬 서체가 사용되었습니다.

홈페이지 바로가기

메이킹북스는 저자님의 소중한 투고 원고를 기다립니다.
출간에 대한 관심이 있으신 분은 making_books@naver.com으로 보내 주세요.

# 아빠도
# 처음이라 그래

초보에서 만렙까지
진짜 아빠 되는 법!

이승한 지음

메이킹북스

## 목차

들어가는 글 •10

제1장
### 최고의 아빠가 되고 싶었다

1. 몸으로 노는 게 최고입니다 •16
2. 잘 때 아빠를 부르는 둘째 •22
3. 아이들을 믿으니 학교도 잘 갑니다 •27
4. 아이들의 눈을 보는 게 노는 겁니다 •33
5. 술래잡기는 이제 그만! •38
6. 아들 말이 이상하게 들립니다 •43
7. '직장인' 아빠와 '그냥 엄마' •48
8. 말이 없어지는 아빠 •54

제2장

# 공부가 전부라 생각한 아빠

1. 사교육의 황제로 만들어 주마 •62
2. 게임기를 부숴 버리다 •68
3. 선행은 필요할까요? •74
4. 아빠 빠져! •80
5. 엄마랑 이혼하는 줄 알았어 •85
6. 중학교는 어디로 보낼까? •90
7. 명문대 아니면 취업이 안 된대 •95
8. 학교는 빠져도 학원은 못 빠져 •100

제3장

## 아빠 달라져 볼게

1. 아이는 부모의 손을 보고 자란다 •108
2. 아이들 말을 듣는 게 말하는 겁니다 •112
3. 게임과 협상 •117
4. 아빠의 일기를 훔쳐보는 아들 •123
5. 나에게 가장 도움을 준 사람은? •128
6. 아빠는 요리사 •133
7. 느릿느릿 큰아들 •138
8. 좋은 아빠가 되기 위해 책을 봅니다 •143
9. 아빠와 아들만의 여행 •148
10. 아빠, 나 갑자기 팔이 아파 •153
11. 30분 만의 부자 상봉 •158

제4장

# 색안경을 벗어 던진 아빠

1. 못 믿는 게 내 문제였구나 - 유튜버 •166
2. 다이어트는 살만 빼는 것이 아니다 •171
3. 아빠, 난 로또 세 번 맞았어 •177
4. 도심 속의 미션 •182
5. 전교 부회장이 된 큰아들 •188
6. 책을 읽을 줄 몰랐던 아들 •193
7. 둘째의 백 일 간의 도전 •198
8. 둘째는 책을 두 권이나 쓴 작가입니다 •204

제5장

# 아빠 아들이라 행복해

1. 불안과 비교는 일심동체 •212
2. 부모보다 더 클 아이들 •217
3. 너희의 일은 너희가 •222
4. 가슴으로 네 목소리를 들어줄게 •227
5. 우리 아들이 아빠 아들이라 행복해 •231

마치는 글 •236

### 들어가는 글

저는 반포에 사는 아들이 둘인 대출 많은 직장인입니다. 이곳에 온 가장 큰 이유는 '교육' 때문입니다. 아내와 둘만 있으면 어디서 살아도 좋았습니다. 신혼집 주변의 기름 많은 양념 갈비도 맛있었고, 천 원짜리 편의점 커피를 나눠 먹으며 산책했던 언덕길도 힘들지 않았습니다.

아이들이 태어났습니다. 조그마한 손으로 제 손가락을 잡아주고, 아빠를 보며 방긋방긋 웃습니다. 잘 키우고 싶었습니다. 자신들이 원하는 일을 하며 돈도 많이 버는 멋진 어른이 되었으면 합니다. 좋은 환경 속에서 여러 교육을 받으면 가능할 것 같았습니다. 아이에게 황금빛 미래를 주고 싶어서 교육 환경이 우수하다는 반포로 이사했습니다.

아이들이 어렸을 때 영국에 주재원으로 갔습니다. 심장이 터질 때까지, 다리가 후들거릴 정도로 아이들과 몸으로 놀고는 했습니다. 큰아들이 초등학교 1학년 때 한국에 돌아왔습니다. 사교육이 시작되었죠. 아이들의 수준에 맞는 학원을 찾아서 보냈습니다. 아이들은 아내가 짜 준 시간표대로 학원에 가고 숙제도 열심히 합니다. 주변 아이들도 매일 학원에 다닙니다. 부모들도 교육에 관심 많고, 주말에도 가족끼리 잘 놀러 다닌다고 합니다. 이런 환경이라면 우리 아이들도 공부 잘하고 바른 아이로 자라리라 생각했습니다.

저는 학원비 잘 벌어오고, 가족들과 주말에 놀러 다니면 아빠 역할을 다하는 줄 알았습니다. 아내와 아이들의 미래에 관해서도 이야기했습니다. 좋은 주변 환경과 이런 부모 밑에서라면, 아들들은 명문대에 가고 좋은 회사에도 갈 거라 믿었습니다.

아이들이 자랄수록 학원에서 보내는 시간이 많아집니다. 아내와 아들의 목소리가 점점 높아집니다. 큰아들은 숙제한다면서 책상에 멍하니 앉아 있고, 자꾸 게임 이야기만 합니다. 둘째는 문제집을 찢기도 하고 이상한 낙서도 합니다. 아이들이 힘들어합니다. 좋은 환경에 있으면 아이들이 스스로 공부할 줄 알았습니다. 우리만의 착각이었습니다.

큰아들에게 잔소리를 심하게 했었던 날이었습니다. 평상시보다 더 작은 아이가 고개를 숙이고 힘없이 터벅터벅 걸어가고 있었습니다. 퇴근해서 올 때마다 아빠를 반겨주던 큰아들입니다. 가슴이 먹먹해져

옵니다. 미안한 마음에 아이들을 조용히 지켜보았습니다. 이해할 수 없는 아이들의 행동이 보입니다. 빨리 나가자고 해도 침대에 누워 있는 아이들. 몇 번을 불러도 대답 없이 자기들끼리 놀거나 핸드폰에 집착하는 모습들. 아이들을 있는 그대로 보려고 노력했습니다.

책상에 멍하니 앉아 있고, 문제집에 낙서하는 것은 공부하기 싫다는 말이 아니었습니다. 어렵다고, 도와달라는 뜻입니다. 바지만 입은 채 침대에 누워 있고, 학원 시간 5분 전에야 나가는 아이들은 자기들을 이해해 달라는 말입니다. 아이들의 외침이 가슴으로 들리기 시작합니다.

못 알아들을 때도 있습니다. 여전히 큰소리도 내고 답답할 때도 많습니다. 아이들의 행동을 보며 무슨 말을 하고 싶은지 듣고 나서는, 우리도 달라지고자 하였습니다.

아이들에게 요리도 해 주고, 책을 함께 읽고 이야기하였습니다. 말로 다 못 할 때는 아이들에게 손편지도 보냈습니다. 다이어트도 같이 하고 아들과 둘이서만 여행도 다녔습니다. 아빠가 공부하는 모습도 보여 주고자 했습니다. 잔소리를 줄일수록 아이들은 자랍니다. 원래 키보다 작아 보이던 아들의 뒷모습 대신, 훌쩍 커진 키와 당당하게 걷는 아이들의 모습이 보입니다. 불안해도 아이들을 믿고 참았습니다.

아이들이 게임 시간을 스스로 조절하려고 노력합니다.

아이들 옆에서 책을 보고 글을 썼지만, 아이들이 책상이 앉지는 않습니다. 불안했지만, 아이들을 믿어줄수록 자신의 마음을 보여 주기 시작합니다. 부모 마음을 알아줬을까요? 밥 먹을 때 큰아들이 해 준 "우리 아빠가 되어 줘서 고마워."라는 말을 잊을 수 없습니다.

저와 똑같은 고민을 하고 계시는 분들이 계실 겁니다. 좋은 환경 속에서 아이들을 잘 키우고 싶으실 겁니다. 공부하는 분위기 속에서 우리 아이들이 선행도 하고, 영어책도 원서로 읽고, 자신감 있게 자랐으면 좋겠습니다. 하지만 아이들 생각은 우리와 같지 않습니다. 그렇다고 아이들이 원하는 대로 다 하라고 할 수도 없습니다.

아이들의 목소리를 가슴으로 듣고 이야기하면 조금씩 커 가는 아이들의 모습이 보입니다. 저도 아빠는 처음이지만, 평범한 직장인 아빠와 보통 엄마의 이야기가 여러분의 고민에 조금이라도 도움이 되셨으면 합니다.

제1장

최고의 아빠가
되고 싶었다

1.

## 몸으로 노는 게 최고입니다

"어떡하지?"

2012년 겨울에 영국에서 자주 하던 말입니다. 주재원으로 영국에 갔을 때 큰아들은 네 살, 둘째는 한 살이었습니다. 회사에 주재원은 저 혼자였고, 아는 사람도 없는 영국에서 가족과 지내야 하니 걱정만 앞섰습니다. 회사 덕분에 현지에서 지내는 것은 가능했지만, 육아 방법은 회사에서 가르쳐주지 않았습니다. 우리가 알아내야만 했습니다.

한국에서도 하루에 한 번씩은 바깥에 나가서 놀아야 했던 아이들입니다. 영국이라고 집 안에서만 있을 수는 없습니다. 어디든 바깥에서 놀 곳을 찾아야 했습니다. 제가 사는 곳은 런던에서 1시간 정도 떨어진 곳입니다. 관광지가 아닙니다. 네이버에도 아들들과 놀 수 있는 곳은 나오지 않았습니다.

영국에서의 처음 몇 개월 동안은 집 주변만 돌아다녔습니다. 갈 곳이 없으면 아이들과 집에서 장난감이나 블록을 가지고 놀았습니다. 집에서만 있다 보니 아이들이 답답해합니다. 저희도 영국 생활에 적응하느라 정신이 없는데, 아이들까지 놀아 달라고 보채니 마음만 무거워졌습니다. 이럴 때 제일 쉬운 방법은 TV입니다. cBBC라는 어린이용 교육 방송을 틀어줬습니다. 한국에서는 영어 유치원을 보낸다는데, 우리는 현지에서 영어 교육한다고 아내와 함께 웃었습니다. 그러나 아이들이 화면 앞에 있는 시간이 점점 길어집니다. 계속 TV만 보게 할 수는 없었습니다.

집 주변에 있는 공원과 놀이터를 찾았습니다. 평일은 아내가, 주말에는 저와 함께 갔습니다. 아이들이 놀 만한 곳은 찾았지만, 4년 내내 같은 놀이터에서 그네만 태워 줄 수는 없었습니다. 아이들의 끊이지 않는 호기심을 채워줄 곳, 주말 내내 온 가족이 지낼 수 있는 큰 놀이터가 필요했습니다.

아이들이 놀다가 지쳐 쓰러질 정도로 넓고 신기해할 곳이 어디 없을까요? 다행히, 같은 사무실에 근무하는 영국 직원이 'Hobbledown'이라는 곳을 알려줬습니다. 집에서 멀지도 않습니다. 인터넷으로 찾아보니 아이들과 놀기에 충분해 보였습니다. 주말이 오자마자 온 가족이 바로 떠났습니다. 입장권을 끊고 들어가자 아이들이 좋아하는 미어캣, 수달, 염소 등이 보입니다. 동물들 때문에 이곳에 오지 않았습니다. 함께 뛰어놀 데를 찾는 것이 더 급합니다. 동물원을 지나자 성처럼 생긴 놀이터가 보입니다. 높이 솟은 탑들이 있었고, 각각의 탑들은 거미줄처럼 아이들이 지나갈 수 있는 터널로 연결되어 있었습니다. 드디어 찾았습니다. 아이들과 온종일 시간을 보낼 수 있게 되었습니다. 큰아들은 탑들을 보자마자 뒤도 안 보고 달려 나갑니다. 첫째는 탑 안에 있는 계단을 통해서 꼭대기까지 올라갔고, 연결된 통로를 통해 다른 탑으로 다람쥐처럼 옮겨 다녔습니다. 미끄럼틀을 타고 탑에서 내려와서는 다시 옆에 있는 탑으로 뛰어 올라갔습니다. 땅 밑 통로도 두더지처럼 왔다 갔다 합니다.

혹시나 아들을 놓칠까 봐 저도 열심히 뒤쫓아 다녔습니다. 몸을 쭈그리고서 터널 속을 엉금엉금 따라다녔고, 탑 안의 좁은 계단을 낑낑대며 올라갔습니다. 탑 위에서 큰아들과 함께 아래를 내려다보았습니다. 둘째는 엄마 품에 매달려서 자기도 올라가겠다고 양팔을 버둥거리고 있었습니다. 아내는 통통한 둘째 배만 토닥이고 있을 뿐이었죠. 탑을 수도 없이 올랐습니다. 배가 고파져서 식당으로 갔습니다. 실내 놀이터가 보입니다. 아들들은 스파게티를 먹는 둥 마는 둥 하고 바로 들어가자고 합니다. 고무 기둥을 뛰어넘고, 볼 풀에 빠져 아이들과 허우적댔습니다. 쉴 틈이 없습니다.

다시 밖에 나오니 탑에만 정신이 팔려 보지 못했던 놀이 기구가 있었습니다. 어린이용 유격 훈련장입니다. 아이들과 놀려고 온 곳인데 무엇을 못 하겠나요? 다섯 살 된 근이는 무서워할 줄 알았지만, 쇠줄을 잡으며 거침없이 나무판들을 건너갑니다. 마지막에는 짚와이어를 타야 합니다. 큰아들은 훌륭한 공수 부대원이 되어 두 발을 쭉 펴고 내려옵니다. 큰아들은 주변에 보이는 모든 것들을 다 해 봐야만 했고, 아무리 놀아도 지치지 않습니다.

아들과 놀고 있는 제 두 팔과 두 다리가 저려옵니다. 이제는 좀 쉬어야겠습니다. 큰아들에게 다른 놀 데가 있는지 찾아보자고 했습니다. 5분쯤 걸어가니 아이들이 커다란 고무 베개 위에서 놀고 있습니다. 저는 제 목을 받쳐줄 베개가 필요했지만, 큰아들이 다시 뛰기 시작합니다. 베개 위에서 열심히 뒹굽니다. 저도 뛰다간 옆의 아이들이 튕겨 나갈 것 같아, 큰아들이 노는 것을 지켜보고 있었습니다. 이제야 잠시 앉을 수 있었습니다.

한 시간 정도를 베개 위에서 놀다 보니 저녁 5시가 되었습니다. 집에 안 간다는 아들을 달래서 차를 태웠습니다. 차 안에서도 흥분해 있던 큰아들은 저녁을 먹자 바로 잠들었습니다. 아침까지 깨지도 않고 푹 잡니다. 온종일 뛰어야 밤에 푹 잘 수 있는 큰아들입니다. 동네 놀이터만으로는 부족했습니다. 침대 위에 쓰러진 큰아들 머리를 조용히 쓰다듬어 주었습니다. "참 잘했어요."라는 도장을 열 개 정도 받은 기분이었습니다. 아들과 함께 지칠 때까지 뛰어논 하루. 이런 날들이 계속 이어졌으면 좋겠습니다.

이후로도 주말마다 아이들과 야외 활동을 할 수 있는 곳들을 찾았습니다. 'Bocketts Farm', 'Chessington World of Adventures Resort' 등 아이들이 좋아할 곳에 함께 갔습니다. 포클레인도 운전하고, 돼지 달리기 경주도 보았습니다. 아이들과 함께 뛰어다닐수록, 아들은 집에서도 계속 놀아달라고 합니다. 비행기도 태워주고 제 어깨, 머리 위로 올라갑니다. 제가 집 안의 작은 놀이터가 되었습니다. 입장

권으로 뽀뽀를 받았습니다. 꽤 남는 장사입니다.

　온몸으로 놀수록 아이들은 더 뛰어다닙니다. 뭐라 말하는지는 모르겠지만 끊임없이 우리에게 말을 겁니다. 자신이 원하는 것들을 부모가 들어준다고 생각했나 봅니다. 저 역시 아이들과 함께 있는 것이 재밌습니다. 한국에서는 집에 늦게 오는 날이 많았습니다. 주말에는 집에서 텔레비전을 보면서 아이들과 굴러다녔습니다. 아이들과 몸으로 노는 법을 몰랐었습니다. 영국에서 아이들과 뛰고 구르면서 알았습니다. 말로 자기의 감정을 다 표현하지 못했던 아들들에게는 몸놀이가 부모와의 대화였습니다. 함께 뛰어다닐수록 아이들과의 이야기가 재밌어집니다. 이제야 아이들이 무슨 말을 하는지 알 듯합니다. "나와 함께 놀아 줘."라는 말을 온몸으로 표현했네요. 어렸을 때는 아빠가 지칠 때까지 몸으로 놀아 주는 게 최고입니다.

2.

## 잘 때 아빠를 부르는 둘째

주말 아침에 일찍 일어난 저는 둘째 침대에 가서 눕습니다. 민이 옆에 딱 붙어서 눈썹도 만지고, 코와 볼을 콕콕 눌러 봅니다. 어렸을 때부터 자주 해 왔었기에, 둘째는 눈을 떠도 싫다는 말은 하지 않습니다. 곤히 자는 아들 얼굴을 보면, 제가 둘째를 재워주던 예전 기억들이 생각나곤 합니다.

큰아들 돌이 지나자 아내는 아이를 우리와 떨어져 자도록 연습시켰습니다. 어렸을 때부터 각자 자는 습관을 붙여야 한다는 아내의 생각이었습니다. 두 살쯤 되니 큰아들은 자기 침대에서 혼자 잘 잡니다. 아침에 일어나도 우리가 없다고 울지 않았습니다. 그저 조용히 우리 방에 와서 뒹굴다 또 자고는 했습니다. 둘째도 떨어져 재울 시기가 되었습니다. 잠잘 시간이 되면 아내는 아이들을 각자의 침대에 눕히고, 책을 읽어 주다 불을 끄고 나옵니다. 큰아들은 바로 눈을 감고, 둘째도 형과 있으니 조용히 잠들고는 했습니다.

　둘째가 밤에 자다가 저를 부를 때가 있었습니다. 아이들 방에서 '아바'라는 말이 나올 때는 놀랐습니다. 아이들은 엄마를 먼저 찾지, 아빠를 부르지는 않으니까요. 좋은 아빠가 된 거 같았습니다. 밤에 찾을 때마다 가면 떨어져 자는 습관 안 든다고, 아내는 가지 말라고 합니다. 저는 눈앞에 둘째가 아른거려서 금방 재우고 오겠다면서 나갔습니다. 아이들 방에 조용히 들어갑니다. 둘째의 통통한 배를 토닥이면서 자장가를 다시 부릅니다. 둘째는 곧 잠듭니다. 이때 바로 나가면 초보 아빠입니다. 깊게 잠들 때까지 더 기다려야 합니다. 옆에 누워 있다가 저도 잠이 들어 버렸네요.

　침대 위에서 부스럭 소리가 납니다. 눈을 살짝 뜨니, 둘째가 보입니다. 뒤로 기어서 엉덩이부터 침대에서 내려오고 있습니다. 기저귀를 찬 엉덩이가 볼록하게 튀어나왔습니다. 톡톡 쳐주고 싶습니다. 잠시 기다리면 달팽이가 나무를 올라가듯이 제 배 위로 올라옵니다. 그리고 자기 얼굴을 제 가슴에 대고 다시 잠듭니다.

제가 숨 쉬는 것에 맞춰서 둘째의 얼굴이 물결치듯 올라갔다 내려옵니다. 배 위에서 떨어지지 말라고, 살짝 안고 천천히 숨을 쉽니다. 민이 얼굴이 보입니다. 삐쭉 튀어나온 머리. 꼭 감은 눈. 통통한 볼살에 숨겨진 작은 코. 야무지게 다문 입술. 안 예쁜 데가 없습니다. 둘째의 숨소리는 작아서 들리지 않습니다. 둘째의 '콩닥콩닥' 거리는 심장 소리만 제 몸을 통해 전해집니다. 민이가 불러 주는 자장가입니다. 제가 다시 잠들 차례입니다.

다음 날 저녁이 되면 다시 아내는 둘째를 재우고 방에서 나옵니다. 저한테 애들 방에서 자지 말라고 합니다. 애들한테도 우리한테도 안 좋다고 열심히 설명합니다. 애들이 부를 때만 가지 말고, 자기가 부를 때도 그렇게 와 보랍니다. 아내가 부를 때는 대답도 잘 안 하면서, 애들이 부르면 왜 그리 잘 가냐고 투덜거립니다. 아내가 모르는 게 하나 있습니다. 아이들의 목소리에는 묘한 끌림이 있습니다. 둘째가 막 배운 말로 부를 때는 가만히 있을 수가 없습니다. 둘째가 '아바' 하고 부르면 제 귀가 쫑긋 섭니다. 저는 아이들의 강아지가 되어서 민이에게 달려가 뽀뽀도 해 주고 주변을 뛰어다녔죠.

둘째가 네 살이 될 때까지 영국에는 우리 가족만 있었습니다. 주변에 아이들을 돌봐 줄 사람도 없었기에, 아내는 호기심이 왕성해진 큰 아이를 챙겨주느라 바빴습니다. 둘째는 하루의 많은 시간을 엄마 등에 매달려 있었습니다. 기어 다니면서 이것저것 만져 보고 싶었을 텐데 엄마 등에서 팔과 다리만 버둥대고 있었습니다. 제가 집에 오면 둘째가 드디어 땅에 내려올 수 있었습니다. 한동안 안 보이던 아빠가 안고 뽀뽀해 주며 자기와 놀아 줍니다. 그래서 둘째가 아빠를 밤에 부르지 않았을까요? 아내가 투덜대도 전 둘째가 부르면 방에 가서 자장가를 부르다 잠들고는 했습니다.

저는 지금도 아이들과 스킨십이 많습니다. 습관이 되어 버려서 아들들도 그러려니 합니다. 아이들 잘 때 옆에 누워 있기도 하고, 아들들이 소파에 앉아 있으면 옆에 바싹 붙어서 꼭 안고 있기도 합니다.

일요일 아침에 저는 소파에 누워 있었습니다. 초등학교 3학년이 된 둘째가 일어나서 나옵니다. 두 팔을 벌리고 있으니 눈을 감은 채 제품에 안깁니다. 아직은 제 배 위에 있을 만합니다. 영국에서 재울 때처럼 살짝 고개를 들어 얼굴을 내려다봅니다. 아기 얼굴 대신 검은 머리카락만 보입니다. 손도 멀리 있어 못 잡겠습니다. 그러나 둘째의 심장 소리는 여전히 느껴집니다. 몇 년 지나면 제가 두 팔 벌려도 둘째는 안 오겠죠.

 어느 날, 영국에서 아빠 배 위에서 잤던 것을 기억하냐고 둘째에게 물어보았습니다. 둘째가 대답합니다.

 "나도 아빠 배 위에서 자는 거 좋았어."

 제 손이 심장 위로 올라가면서 흐뭇하게 미소만 지었습니다.
 아기 때 붙어서 잤던 느낌은 지금도 남아 있군요. 둘이 함께했던 시간은 지워지지 않습니다.

3.

## 아이들을 믿으니 학교도 잘 갑니다

　영국에 간다고 했을 때, 아들들이 학교에 잘 적응할지 걱정되었습니다. 이미 주재원으로 다녀온 분들이 주의 사항을 알려 줍니다. 말할 사람이 없어 아내가 힘들어할 수도, 학교 가기 싫다고 하는 아이들도 있을 수 있답니다. 가족 잘 챙기라는 말뿐입니다. 제가 있어야 할 곳은 한국인이 많지 않습니다. 주변에 도와줄 사람들도 없습니다. 네 살인 큰아들은 한국에서 유치원도 안 다녔습니다. 잠시 다녔던 문화 센터가 한국에서 한 교육의 전부였습니다. 더군다나 한국말도 잘 못하였기에, 영어까지 배워야 합니다.
　영국에 먼저 온 다른 회사 주재원들을 만났습니다. 아이들이라고 다 적응을 잘하는 것은 아닙니다. 아이가 학교 가기 싫어해서 가족을 한국에 보내고 혼자 남아 있던 분도 있었습니다. 유치원 가기 싫다고 우는 아이들을 달래느라 고생했다고도 합니다. 들을수록 걱정이 많아집니다만, 지나고 보니 다 쓸데없는 일이었습니다.

영국에 있는 4년 동안 큰아들, 둘째 모두 영어나, 학교 문제로 힘들었던 적은 한 번도 없었습니다. 돌이켜보면 아이들에게 고마울 뿐입니다. 우리가 생각했던 것보다 아이들은 처음 간 영국에서 잘 지냈습니다.

큰아들은 처음 보는 아이들과도 금방 친해졌습니다. 집 근처 템스강 옆에 있는 Swan이라는 펍에 가족이 밥 먹으러 갔습니다. 야외 테이블도 많기에, 가족들끼리도 오기 좋은 곳입니다. 아내와 저는 익숙하지 않은 메뉴판을 보며 이런저런 고민을 하고 있었습니다. 큰아들은 거침없이 펍 안을 뛰어다니다가, 비슷한 나이의 영국 여자아이와 놀기 시작합니다. 큰아들은 TV로 영어를 들은 지 얼마 되지 않았습니다. 그런데도, 둘이 대화를 하며 놉니다. 이제 막 영어를 안 큰아들이 원어민 아이와 대화를 하다니요. 어떻게 이야기할지 걱정되었지만, 서로 고개를 끄덕이면서 한참을 놀더군요. 아는 놀이도 다를 텐데, 재밌게 노는 아이들을 보면서 우리는 신기해하였습니다.

우리가 점심을 다 먹을 때까지 함께 놀다가 서로 포옹을 하고 헤어집니다. 저희는 눈이 동그래졌죠. 아이들은 말이 안 통해도 잘 지내더군요. 큰아들은 곧 유치원에 가야 했기에 적응 못 할까 봐 걱정했었습니다. 큰아둘이 친구들과 잘 지낼 거라는 믿음이 생겼습니다.

   몇 주 뒤에 큰아들은 집 근처의 유치원인 몬테소리로 가게 되었습니다. 아이들 적응을 위해서 1주일 동안은 한 시간만 있게 한답니다. 큰아들이 유치원에 안 들어간다고 하면 어떻게 하나 조마조마했습니다. 처음 간 날임에도 뒤도 안 돌아보고 들어갑니다. 한 시간 뒤에 데리러 가니 짜증을 냅니다. 다른 아이들은 더 있는데, 왜 자기만 먼저 집에 가야 하냐고요. 더 놀고 싶답니다. 내버려 둬도 잘 적응하는 큰아들이었네요. 괜히 우리 속만 태웠습니다.

   일주일이 지나니 유치원에서 오전 동안 지낼 수 있게 되었습니다. 저녁에 집에 와서 잘 놀았냐고 물어봤습니다. 재밌어서 또 가고 싶답니다. 영어로 말하지 않아도 선생님이 자기 모습을 보고 무슨 말 하는지 다 알아준답니다. 바깥에서도 놀고, 친구들도 많아서 좋답니다. 큰아들은 부모 걱정을 간단히 해결해 주었습니다. 큰아들이 잘 다니니 둘째도 별로 걱정이 안 되더군요. 둘째도 유치원을 잘 다녔습니다. 역시, 아이들은 우리가 믿는 것보다 더 잘합니다.

몬테소리에서 재밌게 지내던 큰아들이 학교 갈 나이가 되었습니다. 영국은 여섯 살부터 학년이 시작됩니다. 영어가 걱정됩니다. 알파벳은 다 가르쳐 주고 학교에 보내야 할 것 같은데, 어떻게 해야 할까요? 우리는 알파벳을 오선지에 한 글자씩 쓰면서 배웠지만, 큰아들이 책상에 앉아 알파벳을 쓸 리 없습니다. 놀면서 공부하면 좋아할 것 같습니다. 알파벳을 부르면 하나씩 찾아오는 게임을 하자고 했습니다. A~Z까지 알파벳 팻말을 만들고 아들에게 보여 주었습니다.

"아들, 우리 재미있는 놀이 하자. 알파벳 가져오기 어때?"

"조아, 조아. 어떻게 해?"

"아빠가 알파벳 다섯 개를 저기에 두고, 엄마가 부르면 뛰어가서 가져오는 거야? 할 수 있지?"

"응응. 나는 할 수 이쩌."

"저기 A, B, C, D, E 보이지? 엄마가 부르면 먼저 가져오는 사람이 이기는 거야."

"준비, E!"

"히히히."

큰아들이 열심히 뛰어갑니다. 아빠가 눈치 없이 먼저 가서 잡으면 안 됩니다. 큰아들이 A 앞으로 달려갑니다. 엄마가 힌트를 줍니다. "다섯 번째!"

"요거? 요거? 내가 차자쪄."
"우와! 우리 아들 게임 엄청 잘하네. 그럼 다른 것도 해 볼까?"
"응, 응. 이거 재미쪄."

일요일 오후 내내 큰아들과 게임을 했습니다. 몇 시간 지나니 알파벳을 다 찾아옵니다. 유튜브로 알파벳 송을 듣게 해 주었습니다. 하루 만에 알파벳을 다 떼더군요. 아들이 천재라고 생각했었습니다. 삼 년 동안 영국 학교에 다녔습니다. 한국에 오기 전에는 학교에서 주는 'Special Achievement'도 받았습니다. 영어 못할까 봐, 학교 가는 거 힘들어할까 봐 불안했었는데, 괜한 걱정만 했네요.

영국에 있을 때 아이들 문제로 힘들었던 적은 없었습니다. 오히려 친구들과 놀 시간이 모자랄 정도로 잘 지내다 왔습니다. 큰아들은 영국에 있을 때 자기가 영국인인 줄 알았답니다. 그러니 영국 친구 만나고 영어 배우는 게 어렵지 않았던 거죠. 우리가 남의 나라 사람 만나고 다른 나라 말 배운다고 걱정했습니다. 영국에 있는 동안은 아이들에 대한 믿음은 계속 자랐습니다. 불안해도 믿으면 아들들은 항상 잘 해 왔습니다. 때로는 못할 때도 있습니다. 그럴 때는 부모가 잠깐 도와 주면 되었습니다. 부모는 마중물처럼 자신감을 아이들에게 불어넣어 줄 뿐입니다. 나머지는 믿고 기다리면 됩니다. 지금도 아들들 공부 때문에 걱정됩니다. 아내도 불안해합니다. 그러면 아이들이 영국에서 지냈던 생활을 떠올리며, 아내에게 말합니다.

"우리 아들들 잘해 왔어. 걱정하지 마."

4.

## 아이들의 눈을 보는 게 노는 겁니다

2016년에 한국으로 돌아왔습니다. 영국에서 가족과 자주 놀러 다녔었기에, 국내에서도 땅끝마을, 경주, 속초 등으로 여행을 다녔습니다. 어디를 가든 아이들과 놀기에는 바다가 역시 최고더군요. 아이들은 모래사장에서 다른 장난감 없이도 잘 놉니다. 아이들은 삽 하나만 있어도 바다 옆에서 하루를 보낸다더니 틀린 말이 아닙니다. 우리는 모래 위 의자에 앉아서 맥주와 오징어땅콩을 먹으면서 노는 아이들을 지켜보곤 했습니다.

어렸을 때부터 아이들은 늘 물을 좋아했습니다. 영국에서도 모래사장이 있는 바다에 가고 싶었습니다. 회사 동료가 아이들과 놀 만한 바다를 가르쳐 주었습니다. 차로 한 시간만 가면 됩니다. 수영복, 여분의 옷, 모래놀이 기구 등 가져갈 것이 많습니다. 아내는 먹을 거를 가방 한가득 준비하고 있습니다. 전 당당하게 말했습니다. "바다 옆인데 먹을 데가 없겠어? 빨리 가자!" 횟집들은 없더라도 식당들은 당연히 있을 줄 알았죠.

내비게이션이 가르쳐 준 대로 따라가니 바다가 보이기 시작합니다. 모래사장도 길게 뻗어 있고, 옆에는 넓은 잔디밭도 있네요. 아이들과 놀기 딱 좋습니다. 돗자리 깔고 팝업 텐트를 폈습니다. 아이들은 바다를 보자 바로 달려 나갑니다.

아이들이 노는 동안 저는 먹을 데를 찾으러 갔습니다. 우리가 가져온 건 샌드위치, 과일, 과자뿐입니다. 점심으로는 부족하죠. 주변을 둘러보는데 건물들이 보이지 않습니다. 간이식당에서 햄버거만 팔고 있습니다. 패티하고 양파만 구워서 빵 사이에 끼워 줍니다. 횟집들을 기대한 건 아니었지만, 먹을 데가 이렇게 없을까 싶어 당황스러웠습니다. 당연히 영국에서도 바닷가 옆에는 식당들이 있고, 영국인들이 가장 좋아한다는 fish and chips라도 팔 줄 알았습니다. 해변 끝까지 걸어갔지만 한 군데도 눈에 띄지 않았습니다. 황당했습니다.

급한 대로 햄버거를 사서 아이들과 먹었습니다. 저희는 투덜대면서 바닷가에 앉아 있었습니다. 아이들은 먹자마자 다시 모래 파느라고 바쁩니다. 얼마나 흘렀을까요. 아내나 저는 할 일이 없어 심심합니다. 다른 영국 부모들은 뭐하나 싶어 주변을 둘러봤습니다. 다시 당황스러워졌습니다.

　부모들이 아이들과 재미있게 놀고 있네요. 아이들과 축구를 하거나 라켓으로 공놀이를 합니다. 패들링 보트라고 바다 위에 서서 노를 젓는 보트를 타며 아이와 놀고 있는 부모들도 보입니다. 제가 그곳에서 본 영국 아빠들은 대부분 수영복을 입고 있었습니다. 아이들과 바다에서 수영도 하고, 공놀이도 하고, 모래사장에서 함께 뒹굴기도 하고요. 저는 반바지를 입고 있었습니다. 발목까지만 물에 들어가려고요. 바다에서 아이들과 수영할 거라고는 생각도 안 했습니다. 옷 갈아입고 씻고 귀찮으니까요. 저에게 바다에 간다는 뜻은 아이들이 물에 빠지지 않게 잘 지켜보고, 해산물을 먹는 것이었습니다. 아이들과 함께 물에 빠져서 논다는 생각은 없었습니다.

　주변을 계속 보니 저도 뭔가 해야만 했습니다. 모래 놀이하는 아이들 옆으로 갔습니다. 땅도 열심히 파고, 두꺼비집도 만들어 주었습니다. 아이들은 자기가 만든 모래성에 바닷물을 끌고 와야 한답니다.

열심히 삽질하면서 물길을 만듭니다. 모래놀이 기구, 모래와 물밖에 없는데 왜 이렇게 재밌나요? 모래놀이를 하면 할수록 즐거워집니다. 저는 제가 아는 놀이를 가르쳐 줍니다. 모래 탑에 나무젓가락 꽂고 가위바위보를 해서 이긴 사람이 탑 주변을 쓸어가는 놀이도 합니다. 아이들과 함께 있으니 먹는 게 그렇게 중요하지는 않더군요. 이제야 바닷가에 햄버거집 하나만 있는지 이해가 됩니다. 먹기보다는 아이들과 함께할 시간이 더 중요해서 그런가 봅니다. 다른 영국 부모들은 샌드위치나 과일 등으로 간단하게 끼니를 때우고 가족들과 함께 더 많은 시간을 보내고 있습니다. 뒤에서 아이들을 지켜보지 않고 옆에서 함께 노니 할 게 많아집니다. 당연히 아이들도 좋아하고요.

    아이들과 재밌는 시간을 보내는 영국 부모들을 보면서 저를 돌아보았습니다. 재테크나 영어, 수학 등 실용적인 학문을 가르쳐 줘야 좋은 부모가 되는 줄 알았습니다. '이거 하면 머리 좋아진대.' '영어도 늘어.' 하면서 아이들이 좋아하는 것보다 알아야만 하는 지식을 가르쳐 주었습니다. 영국 부모들처럼 아이들과 잘 놀아 주는 부모였는지 모르겠습니다. 얼굴이 화끈거립니다. 공부보다 아이들에게 먼저 알려줘야 할 것들이 있었네요. 부모와 함께하는 좋은 경험들이요. 이런 기억들이 아이들의 삶에 어떤 영향을 줄지 생각해봅니다. 부모와 함께 있는 것이 당연하기에 대화도 자연스럽게 많아지지 않을까요?

　집에서도 장난감을 가지고 노는 아이들을 뒤에서 지켜보고는 했습니다. 그런 아이들에게 부모와 논다는 것은 어떤 의미였을까요? 자기들 뒤에 있던 부모와 자기 옆에서 놀아 주는 부모는 다를 겁니다. 아이들을 뒤에서 바라보면 아이들 뒷모습만 보입니다. 아이들 옆에서 놀면 아이 눈이 보입니다. 아이와 노는 것이란 아이 눈을 보며 함께 있는 거였군요.

　한국의 바닷가에 오니 저는 다시 아이들 뒤에 있습니다. 제 손에는 모래놀이 장난감 대신 오징어땅콩과 맥주가 있습니다. 아이들은 백사장에서 침대도 만들고 흙도 열심히 팝니다. 아이들은 그대로였지만 우리는 아니었습니다. 저는 횟집에서 대개와 반찬들로 뭐가 나올지만 생각하고 있었습니다. 안 되겠네요. 옆에 있는 모래 삽을 들고 아이들 눈을 보러 모래사장에 갔습니다. 아이들은 영국의 바닷가에서 함께 놀았던 그대로 아빠를 반겨 줍니다.

5.

## 술래잡기는 이제 그만!

　아이들은 레고를 좋아합니다. 둘째는 레고로 자기만의 이야기를 만드는 것이 재밌답니다. 민이가 뽀로로 매트 위에서 레고 배를 가지고 놀고 있을 때 옆으로 갔습니다. 저는 매트 위에 그려져 있는 바다에서 수영도 하고 상어가 되고는 했습니다. 둘째의 배에 크게 소리치면서 위협도 가하고는 했죠. 둘째가 초등학생이 되니 배의 크기가 달라집니다.

　둘째에게 〈캐리비안의 해적〉에 나오는 블랙펄을 사 줬습니다. 이제는 뽀로로 매트가 아닌 진짜 바다처럼 놀아야 하니 파란색 방수 천을 샀습니다. 둘째는 넓어진 바다에서 잭 스패로우와 블랙펄을 가지고 바다를 항해하고 있습니다. 옆에 있던 저는 뽀로로 매트 위에서 놀던 생각이 나서, 바다라고 부르는 방수 천 위에 뛰어들었습니다. 열심히 헤엄쳤습니다. 입으로 어푸어푸 소리도 내고 팔도 크게 휘둘렀죠. 바다에 커다란 악당이 나타났으니 민이가 좋아할 줄 알았습니다. 근데 둘째는 저를 빤히 쳐다보며 말합니다.

"아빠? 바보야? 이게 왜 바다야!"
"네가 바다라며!"
"말이 바다지, 진짜 바다가 아니잖아!"

아이들이 커졌군요. 놀이와 현실을 구분하기 시작했습니다.

아들들과 어렸을 때부터 술래잡기나 숨바꼭질을 자주 했습니다. 아이들은 함께 놀아 주지 않으면 답답해하였습니다. 시간이 될 때마다 바깥으로 나갔습니다. 공원에서 놀기에는 술래잡기와 숨바꼭질이 최고입니다. 다른 놀이 기구도 필요 없습니다. 술래잡기는 제가 쓰러지기 전까지 했습니다. 아이들은 쉬지도 않고 잘 달립니다. 지치지도 않습니다. 저는 숨이 차서 그만하자고 해도 아들들은 더 놀자고 합니다. 뛰다가 너무 힘이 들면 숨바꼭질을 하자고 합니다. 저는 쉴 수 있어서 좋습니다. 열까지 셀 테니 아이들 보고 숨으라고 합니다. 공원에서 아이들을 잃어버릴 걱정은 안 해도 됩니다. 아이들은 자기들 숨은 곳을 스스로 가르쳐 주니까요. "찾는다!"라고 말할 때까지 아이들이 나무 뒤에서 고개를 빼꼼히 내놓고 저를 보고 있습니다. 술래가 어디로 가는지 봐야 하니까요. 엉뚱한 곳으로 가면 아빠를 부릅니다. 근처에서 못 찾고 있으면 자기 있는 데를 웃음소리로 가르쳐 줍니다. 아들들과의 술래잡기는 멈출 수가 없습니다.

2016년에 한국으로 돌아온 후에도 공원이나 놀이터를 자주 가고는 했습니다. 아파트 놀이터에 가면 술래잡기를 하자고 합니다. 미끄럼틀 위나, 그네 뒤로 아들들을 잡으러 다녔습니다. 놀이터 울타리 사이로 큰아들이 날렵하게 쏙 지나갑니다. 눈으로 보니 저도 충분히 나갈 것 같습니다. 큰아들이 달려가던 모습대로 저도 그대로 뛰었습니다. 큰아들이 몸을 튼 곳도 봐 뒀으니 저도 똑같이 하려고 했죠. 근이가 했던 대로 뛰어서 몸을 돌렸습니다. 그런데 갑자기 눈앞에 별이 보입니다. 저는 첫째가 통과한 곳을 못 나가고 울타리에 부딪혔습니다. 머리로는 이미 지나갔지만, 몸은 그러지 못했습니다. 정신이 드니 가족들이 제 옆에 있었습니다. 부끄럽습니다. 일어나면서 한마디 합니다. "이놈의 몸뚱이."

그때부터일까요? 아들들은 술래잡기하자는 말을 잘 안 합니다. 아이들도 재미없겠죠. 조금만 놀고 나면 아빠는 숨이 차면서 못 놀겠다고 말하니까요. 둘째는 아빠가 이제 너무 느려져서 재미없답니다.

초등학교 6학년이 된 큰아들은 집에서 게임을 합니다. 둘째는 공룡을 가지고 놉니다. 아들과 같이 놀려고 저도 '브롤스타즈'라는 게임을 핸드폰에 깔았습니다. 몇 번 해 봤는데, 캐릭터들이 안 보입니다. 손도 못 쫓아가겠고요. 큰 TV 화면으로 게임만 하던 저는 작은 핸드폰으로는 잘 못하겠습니다.

둘째하고 놀려고 해도 제가 아는 공룡은 티라노사우루스, 알로사우루스, 트리케라톱스뿐입니다. 공룡 소리로는 "크앙 크앙"이라고만 할 줄 알고요. 둘째는 온갖 공룡 이름을 부르면서 다양한 상황을 만들면서 놉니다. 그런 둘째의 역할극에 맞춰서 놀아 줄 수가 없습니다. 아는 게 별로 없으니까요. 둘째는 공룡들을 부르면서 놀아야 하는데 저한테 일일이 설명해 주기 귀찮나 봅니다. 혼자서 놉니다. 아이들이 어릴 때는 바깥에서 술래잡기, 집에서는 블록 놀이만 해도 재밌었습니다. 아이들이 열 살이 넘어가면서 아빠와 술래잡기를 하며 놀지 않습니다. 친구들하고 있는 것을 더 좋아합니다. 아이들과 함께 놀 수 있는 시기가 지나갑니다.

이제는 우리와 있을 때도 자기들이 좋아하는 놀이를 하기 원합니다. 착한 아들들은 부모가 모르면 설명도 해 줍니다. 하지만 그것도 한두 번이죠. 계속 물어보면 말이 점점 줄어듭니다. 아이들과 잘 지내려면 그들의 세계를 배워야만 합니다. 저는 슈퍼마리오, 젤다, 메칸더브이를 좋아했지만, 아이들은 브롤 스타즈, 클래시 로얄, 어벤져스를 보고 자랍니다. 어벤져스를 같이 봐도 느끼는 게 다릅니다. 저는 아이언맨의 집이나 배너 박사의 똑똑한 머리 등이 부럽습니다. 우리 아이들도 그렇게 살았으면 하고요. 아이들은 다릅니다. 아이언맨의 나노 슈트, 비행선 등을 만들고 싶답니다. 레고 매장에 가도 제가 모르는 닌자고, 테크닉에 관해서 자기들끼리 이야기합니다. 아들들이 언제까지 아빠와 함께 놀지는 모르겠지만. 조금이라도 더 있고 싶어 아이들 놀이를 배우려고 합니다.

6.

## 아들 말이 이상하게 들립니다

　큰아들은 초등학교 6학년, 둘째가 3학년이 되었습니다. 이제는 놀게만 할 수 없습니다. 책도 봐야 하고, 영어, 수학 학원도 가야 합니다. 아이들이 좋아하는 예체능도 하나씩 해야죠. 우리는 좋은 부모니까 아이들의 의견을 충분히 듣습니다. 아이들 수준에 맞춰 학원을 보냅니다. 학원에 가기 싫다고 하거나 숙제를 다 못하는 날이면 아이들에게 물어봅니다. 너희들 의견 반영해서 보낸 건데 왜 학원에 가기 싫으냐고요.

　둘째가 3개월 전에 영어 학원을 그만두었습니다. 둘째가 학원 가기 싫다고 말했습니다. 저는 영어를 배우는 이유를 자세히 설명해 주었습니다. 좋아하는 것만 할 수 없다고도 말했습니다. 꾸준히 다니면 영어를 좋아하게 되고, 성실함도 배울 수 있기에 계속 다녀보라고 했죠.

하루는 아이들과 저녁을 먹는데 민이가 또 영어 학원에 대해서 투덜거립니다. 자기는 글을 더 쓰고 싶은데, 선생님이 학원 끝나는 시간에 맞춰 빨리 쓰고 가라고 했답니다. 화가 나더군요. 돈 내고 다니는 학원이고, 아이가 공부하고 싶다는데 못 하게 하다니요. 제가 학원 선생님에게 편지를 쓰겠다고 했습니다. 아이들은 안 된다고 합니다. 학원은 많은 아이들이 공부하러 가는 곳이기에, 학생 한 명에게 맞춰 줄 수 없다고 합니다. 이상합니다. 학원에 부모가 원하는 말도 못 하나요? 선생님에게 편지 쓰겠다고 포스트잇과 펜을 가져오라고 했습니다. 둘째가 "정말 쓸 거야?"라며 신기한 눈으로 바라봅니다. 아빠 말이 거짓인 줄 알았나 봅니다. 포스트잇에 요구 사항을 적었더니 이제야 믿겠다는 듯이 저를 빤히 쳐다봅니다. 학원에 요구 사항을 말했더니 둘째의 투덜거림이 줄었습니다. 좀 더 다녀보라고 했습니다.

하지만 그때뿐입니다. 다시 학원에 가기 싫다고 합니다. 둘째가 말하는 "영어 학원이 재미없다. 선생님이 이상하다."라는 말이, 저에게는 "놀고 싶어서 가기 싫어. 선생님이 공부를 많이 시켜."로 들립니다.

둘째는 영어 학원을 싫어하지 않았습니다. 자신이 원하는 대로 공부를 못하는 학원 방식이 싫었던 것이었죠. 자기 좋아하는 대로 글을 쓰고, 책을 읽고 싶어 했습니다.

둘째는 "내 방법대로 공부하고 싶어."라고 말하고 있었습니다. 저는 이 말을 못 알아들었습니다. 둘째가 영어에 대하여 나쁜 감정을 가지기 전에 다른 방법을 찾아야 했습니다. 둘째와 이야기하고 영어 학원을 그만 다니게 하였습니다. 아내에게 집에서 공부하면서, 다른 영어 학원을 알아보자고 했습니다. 민이는 좋다고 하지만, 아내는 불안해합니다.

지금은 둘째 의견을 반영해서 새로운 영어 학원에 다니고 있습니다. 학원 가기 싫다는 말은 안 합니다. 예전 학원보다 숙제와 공부 시간이 줄었습니다. 대신, 아들이 원하는 대로 책도 많이 읽고, 글 쓰는 시간은 늘어났습니다. 부모의 욕심 때문에 둘째의 말이 자꾸 다르게 들렸습니다.

학원을 바꾼 후 며칠 뒤에 아내가 둘째의 글을 보여 줍니다.

"자녀와 부모는 모두 퇴근 후 무언가를 함께 하고 싶어 한다. 하지만 자녀는 보통 놀고 싶어 하지만, 부모는 보통 얌전하게 뭔가를 자녀가 하는 것을 원한다. 예를 들어, 자녀가 PC 게임을 하자는 데 찬성한 부모는 0명이었고, 뽀뽀를 하자는 데 찬성한 자녀도 0명이었다.

자녀의 생각은 퇴근 후 부모랑 있는 시간이 적으니까 뭔가 같이 놀고 싶어 하는 거고, 부모는 자녀랑 같이 있는 시간이 적으니까 숙제를 봐 주거나, 대화하는 것처럼 평화롭게 있길 원하는 것이다. 이처럼 자녀가 원하는 것이랑 부모가 원하는 것은 180도 다르다."

아들이 원하는 게 무엇인지 알겠더군요. 저는 아이들과 함께 노는 것보다, 이야기하기를 원했습니다. 집에 오면 책을 보고 글을 쓰니까 아이들도 얌전히 있었습니다. 아이들이 스마트폰 대신 뭔가에 집중하며 조용하게 있기를 바랐습니다. 말로 표현한 적은 없었는데, 둘째는 바로 알아 버렸군요. 민이는 저에게 자기가 만든 것들을 보여 주고 말도 자주 걸었습니다. 놀고 싶어 하는 마음은 알았습니다만 제 생각까지 알고 있으리라고는 상상도 못 했습니다. 어리다고만 생각했던 둘째였는데, 글로 팩폭을 해 버렸습니다.

좋은 아빠라고 생각했지만 아이들 말을 제가 원하는 대로 들었습니다. 영어 학원 가기 싫다는 말은 놀고 싶다는 뜻으로 이해했습니다.

아들은 아빠와 있고 싶다고 알려줬지만 안 들렸습니다. 대신 얌전히 공부하는 모습을 보고 싶었습니다. 왜 그랬을까요? 불안해서입니다. 영어 학원 안 다니면 실력 떨어질까 봐, 많이 놀면 학원 진도 못 따라갈까 봐 조마조마했습니다.

지금은 아이들의 행동들을 유심히 지켜봅니다. 부모만이 알 수 있는 아들들만의 표현이 있습니다. 부모의 불안감을 통해서 들으면 아들들 말을 정확히 못 알아듣습니다. 아이들이 말하는 그대로 들으려고 노력합니다. 아직 못 알아들을 때도 있지만, 부모가 귀를 기울이면 아이들도 쉽게 말해 줍니다.

7.

'직장인' 아빠와 '그냥 엄마'

저에게는 보물 상자가 하나 있습니다. 저희를 감동시킨 아이들의 물건들을 모아 놓았습니다. 아들들이 준 편지, 선물, 둘째의 첫 책들 등. 하나도 버릴 수 없는 귀중품들입니다. 지난주에 둘째가 제 보물 상자를 열고, 자기가 만들었던 가족 인형을 꺼내 봅니다. 아직도 있었냐고 물어보기에, 너희와 지낸 즐거운 순간을 기억하고 싶어서 남겨 놓았다고 했죠. 둘째가 일곱 살 때 만든 인형을 보니 예전 기억이 다시 떠오릅니다.

가족의 모습을 종이에 그려서 아이스크림 막대에 붙인 인형입니다. 아빠, 형, 자기는 웃고 있습니다. 엄마는 화내는 모습과 웃는 모습 두

개를 만들었습니다. 엄마는 화난 모습만 붙이려고 했는데, 혼날까 봐 웃는 얼굴도 하나 더 그렸답니다.

가만히 보니 아이스크림 막대 밑에 뭔가가 쓰여 있습니다. 아빠는 '직장인', 엄마는 '그냥 엄마'라고 적혀있네요. 처음에는 화내는 엄마 얼굴만 가리키며 웃었는데, 다시 생각해 보니 웃을 수만 있는 일이 아니었네요. 저는 아들들과 잘 지내는 좋은 아빠라고 생각했었습니다. 하지만, 둘째에게는 그냥 직장인 아빠였나 봅니다. 기분이 이상하더 군요. 아빠와 아들의 생각이 왜 달랐을까요?

영국에 있을 때 저는 아이들과 잘 놀아 줬습니다. 주변에 한국인도 별로 없었기에 퇴근 후에는 항상 가족끼리 있었습니다. 공원에 가서 달리기도 하고 땅도 같이 팠습니다. 집에 있을 때는 책도 읽어 주고, 블록 놀이도 했습니다. 주말마다 여행도 많이 다녔죠. 아이들도 아빠와 함께 있는 것을 좋아했습니다.

한국에 돌아오니 아이들 얼굴을 볼 시간이 줄었습니다. 저도 집에 늦게 들어옵니다. 아이들은 학원도 가고, 숙제하느라 바쁩니다. 집에 일찍 와도 놀 시간이 없습니다. 공부하고 있는 아이들을 방해하거나 학원을 안 보낼 수도 없습니다. 그럴수록 저는 집에서 유튜브를 봤습니다. 동영상을 보면 볼수록 제가 궁금한 것들을 찾아서 알려 줍니다. 시간이 나도 아이들과 놀기보다는 침대에 누워서 킥킥대고 있었습니다.

밤 10시 50분이 되면 네이버, 다음 웹툰을 클릭합니다. 좋아하는 김규삼 작가, 주호민 작가의 웹툰들을 꼬박꼬박 챙겨보았습니다. 아이들과 함께 있지만 서로의 얼굴을 볼 일이 줄어들었습니다. 저는 핸드폰을, 아이들은 책이나 문제집에 집중하고 있었습니다. 아들들이 부르면 "잠깐만"이라고 말하고는 했습니다.

코로나가 터지기 전의 일입니다. 강남역 주변에 좋은 찜질방이 있다고 해서 온 가족이 갔습니다. 우리 아들들과 비슷한 아이들도 많더군요. 아이들이 뜨끈뜨끈한 바닥에서 영어, 수학 문제집을 풀고 있습니다. 부모와 아이들의 학구열에 찜질방이 더 뜨거워집니다. 아이들이 어디서든 공부할 환경을 만들어 주는 좋은 아빠들만 있더군요. 저도 그렇게 해야 하는 줄은 알았지만, 문제집 푸는 아이들 옆에서 핸드폰만 보고 있었습니다.

아내는 아이들한테 올바른 공부 습관을 만들어 주고 싶어 합니다. 칭찬만 해 줄 수는 없습니다. 숙제를 잘 안 하면 혼낼 때도 있고, 학원 가기 싫어도 보내야만 했죠. 매일 저녁 학교 알리미를 보면서 "준비물 챙겨라, 씻어라."라고 아이들이 할 일들을 말합니다. 학원 숙제도 확인하고 책도 읽어 주는 등 아내는 매일매일 바쁩니다. 평일에 아내 따라서 아들들을 한번 챙겨 보았습니다. 회사 일보다 더 힘들더군요.

　아내가 아이들 수학을 가르쳤습니다. 개념 이해와 문제 푸는 시간보다, 왜 공부해야 하는지 설명하는 시간이 더 깁니다. 아이들이 책상에 앉아 있는 시간보다, 책상까지 오게 하는 게 더 걸릴 때도 있습니다. 아내의 목소리가 점점 커집니다. 아이유의 삼단 고음도 나오고, 아이들의 목소리도 동시에 높아집니다. 엄마이기에 하나라도 더 가르쳐 주고 싶습니다. 제가 뭐라고 할 수 없습니다. 아빠와 엄마의 역할이 다르기에 아내의 목소리가 커져도 말리지 않았습니다. 한국 생활에 적응해 간다고 생각했습니다.

　초등학교에 들어간 큰아들은 매일 새로운 것들을 배워옵니다. 둘째에게 재밌는 이야기도 많이 해 줍니다. 둘째는 자기가 모르는 것들을 형이 말해 줄 때마다 웃습니다. 새로 생긴 장난감으로 형하고 역할놀이도 하면서 재밌게 놉니다. 둘째는 아빠, 엄마보다 형하고 노는 게 더 좋답니다. 아빠와 형의 리액션이 다르답니다. 저는 그냥 '응, 응'만 하는데, 형은 다양한 반응을 해 줍니다. 밤이면 서로 방문을 열어 놓고 우리가 말릴 때까지 이야기하다 잡니다.

아빠는 '직장인', 엄마는 '그냥 엄마'라고 둘째가 왜 적었는지 이제야 이해되네요. 저희가 변했습니다. 아이들이 어렸을 때는 함께 놀았었는데, 이제는 같은 공간에 모여 있었을 뿐입니다. 함께 있지만 서로 다른 일들을 하고 있고, 즐거움을 공유하는 시간이 줄었습니다. 아이들이 자라면서 당연하다고 생각했었기에, 우리가 변했다는 것을 몰랐습니다. 둘째는 우리의 이런 모습을 알고 있었고요.

일곱 살인 둘째는 자신의 속마음을 말하기가 아직 어려웠나 봅니다. 인형으로 자기의 생각을 알려 줬습니다. 아들의 마음을 알아주었어야 했는데 우리가 모르고 있었네요. 인형에 그려진 모습만 보면서 서로 웃고만 있을 뿐이었습니다.

우리 모습을 돌아봅니다. 여전히 아이들을 똑같이 대하고 있네요. 아이들이 어떤 생각하는지도 모르는 채 우리 의견만 전달하고 있었습니다. 여전히 '직장인' 아빠와 '그냥 엄마'입니다.

지금이라도 알았으면 변해야지요. 밤마다 꼬박꼬박 보던 네이버, 다음 웹툰을 끊었습니다. 유튜브 보는 시간도 줄이고 있습니다. 그 시간을 모아 아들들하고 더 이야기합니다. 자주 꼭 안아 주기도 합니다. 아내에게는 화나도 조금만 더 참자고 했습니다. 아내는 종종 안방에서 가슴을 쓸어내리며 크게 숨을 쉽니다. '참을 인, 참을 인, 참을 인'

을 중얼댑니다. 예전의 모습으로 돌아가고자 노력하고 있습니다. 우리는 좋은 아빠, 엄마가 되고 싶으니까요.

8.

## 말이 없어지는 아빠

　코로나 덕분에 2021년 가을은 맑은 날이 많았습니다. 하늘이 미세먼지 없이 깨끗합니다. 파란 하늘이 자주 보이니 제 기분도 상쾌해집니다. 아이들과 여행 가기에도 좋은 시기입니다. 날씨 좋고, 단풍도 예쁘기에 산이나 휴양림 등 가까운 곳에라도 가려고 했습니다. 그런데 아이들이 바쁩니다. 저는 주말에 가족하고 놀 생각에 일주일을 기다렸는데, 아이들은 시간이 없어서 못 간다고 하니 화가 나기 시작합니다.

　2021년 10월 첫 번째 일요일이었습니다. 아이들과 강화도를 가려고 했습니다. 마니산, 전등사 등 볼거리도 많고 바다도 있으니 가족 모두 좋아할 곳입니다. 주말에 가자고 하니 큰아들이 다음 주에 영어 시험이 있답니다. 토, 일요일에 밀린 단어도 외우고 공부해야 한답니다. 시험 때문에 집에 있어야 한다니 어쩔 수 없죠. 강화도는 안 가고 큰아들이 주말에 뭘 하나 지켜보았습니다.

큰아들은 오전 8시에 일어나서 거실로 나옵니다. 반쯤 뜬 눈으로 소파에 다시 눕습니다. 먼저 일어난 둘째와 레슬링도 하면서 거실을 굴러다닙니다. 9시에 아침을 먹으며 오늘의 일과를 물어봤습니다. 벌써 하루 계획을 다 짜 놓았습니다. 주말에 가장 중요한 일은 게임이니, 아침을 먹고 바로 하겠답니다. 저는 큰아들이 오전에 공부 다 하면 오후에 산책을 갈려고 했죠. 아들 계획과 다르군요. 오전에 공부하고 오후에 노는 게 더 효과적이지 않겠냐고 물어보니 아니랍니다. 게임 이벤트도 있고, 원하는 게임을 미리 해야 오후에 마음 편하게 공부할 수 있다고 합니다. 의심스럽지만 믿어야죠.

게임을 하고 나니 열두 시입니다. 점심을 먹은 후 쉬면서 유튜브를 봅니다. 자기는 게임 하는 거 아니랍니다. 우리의 게임 시간은 전자기기를 사용한 모든 시간을 말하는데, 큰아들은 딱 게임을 했던 시간만 계산합니다. 태블릿 켜고, 게임 고르는 시간은 게임 하는 게 아니랍니다. 엄마와 게임 시간의 정의에 관하여 열띤 토론을 합니다. 결론은 부모가 참는 거죠. 그래도 30분 정도 핸드폰을 본 후 공부한다고 책상에 앉았습니다. 다행입니다. 지금부터라도 시험 준비 다 하면 저녁에 동네 한 바퀴라도 돌 수 있으니까요. 책상에 앉은 뒤 십 분쯤 지났을까요. 배가 아프답니다. 화장실에서 문 열어 놓고 둘째와 이야기합니다. 노래도 부릅니다. 왜 그럴까요? 아들이 이해되지 않습니다. 볼일을 다 본 후 30분 정도 책을 봅니다. 책을 덮더니 쉰다고 침대 가서 누워 있습니다. 둘째가 형 옆에서 공룡들과 놀고 있습니다. 사이좋은 형제는 상황극을 함께하면서 시간을 보냅니다. 공부한다더니 벌써 일요일이 다 지나갑니다. 지켜보는 저는 답답했지만, 큰아들이 세운 계획이라니 기다렸습니다. 다음 주에 놀러 가자고 했습니다.

다음 주 일요일이 되었습니다. 날씨는 여전히 좋습니다. 밖에 나가자고 했습니다. 이제는 다음 주에 수학 시험이 있답니다. 큰아들을 다시 지켜보았습니다. 지난주 일과와 똑같습니다. 이런 날에는 산에 가도 단풍을 못 봅니다. 큰아들은 입을 쑥 내민 채 "다 봤지? 집에 가자."라고 할 겁니다. 시험공부는 해야 하는데 가기 싫은 산에 왔으니 하루 내내 투덜댈 겁니다. 다음 주에 꼭 가자고 약속했습니다.

일요일이 또 돌아왔습니다. 이번 주는 학교 수행 평가 때문에 친구들과 모여서 동영상을 만들어야 한답니다. 낮에 모여서 아이들과 동영상 찍고, 저녁에는 편집해야 한답니다. 일요일이 또 지나갔네요. 이런 날이 계속되니 저도 지치더군요. 주말에 등산하러 간다는 아빠들이 이제야 이해됩니다. 저도 진작 혼자 산이나 갈 걸 그랬습니다. 나도 공부한다고 책을 가득 들고 집 주변 스터디 카페에 갔습니다. 요즘 스터디 카페 깨끗하고 좋더군요. 다시는 주말에 안 놀러 갈 생각으로, 열 시간 사용 쿠폰을 1초의 망설임도 없이 끊어버렸습니다.

저는 가족하고 주말에 놀려고 일주일을 기다렸는데, 아들은 매주 할 일이 있습니다. 화가 나서 집에서 말을 안 했습니다. 아이들은 아빠가 이상해졌답니다. 저는 짜증을 내는 중이었는데 아이들은 모르고 있었습니다.

봄에도 이런 일이 몇 번 있었죠. 아이들이 바빠서 주말에도 집에만 있었습니다. 너무 답답해서 혼자서 동네를 돌고 왔습니다. 말없이 쑥 나갔다 들어오니, 아내가 말합니다. 아이들이 놀라니 나간다는 말은 하고 다녀오라고요. 아내나 아이들 잘못이 아닙니다. 제 기분을 이야기하지 않았는데, 어떻게 제 마음을 가족들이 알겠습니까? 가족에게 아빠의 이런 감정을 솔직하게 보여 주려니 부끄럽습니다. 투정 부리는 못난이 아빠가 된 것 같아서 꾹 참을 뿐이었습니다.

아이들에게 삐졌었습니다. 아이들이 일부러 바쁜 척하지 않는다는 거 압니다. 평일은 학원 다니고 숙제하느라 아이들도 시간이 없습니다. 주말에는 자기들이 원하는 일들을 하고 싶습니다. 제가 주말만 기다리는 것과 똑같습니다. 이런 아이들에게 아빠 계획대로만 하자고 할 수는 없습니다.

아이들도 자기들의 생활이 있습니다. 저는 우리 아이들을 예전에 가족끼리만 놀던 삶에 맞추려고 했고요. 아이들하고 놀지 못해 화가 났었습니다. 아이들 잘못이 아닙니다. 공부하라고 학원 보낸 우리 탓도 있습니다. 제 욕심을 내려놓았습니다. 일요일에 밀렸던 공부와 자기들 원하는 일 한다는데 화내는 제가 이상합니다. 가족 간의 규칙을 만들기로 했습니다. 저는 아이들과 온종일 있기보다는, 반나절만 가족과 함께하기로요. 제 욕심을 줄였더니 마음이 편해집니다. 아이들이 왜 저러나 싶지만, 자신들 생각대로 하루를 보내고 있었습니다.

코로나 덕분에 주말에도 가족과 함께 있습니다. 아이들이 커 갈수록 이 시간은 점점 줄어들 겁니다. 제 욕심 때문에 주말에도 아빠와 있으라고 할 수는 없습니다. 당연한 일들입니다. 아이들에게 요구하는 말을 줄이려고 합니다. 서로의 생활에 맞춰 주말 계획도 세우고요. 그리고 아빠랑 다시 놀자고 할 때를 기다리렵니다. 언제가 될지 모르겠지만 저는 아이들을 기다릴 수 있으니까요.

제2장

공부가 전부라
생각한 아빠

## 1.

## 사교육의 황제로 만들어 주마

저희는 서초구 반포동에 살고 있습니다. 교육열이 높은 곳입니다. 평일 아홉 시에도 학원 끝나고 집에 가는 아이들을 태운 노란색 버스들이 줄줄이 서 있습니다. 주말은 아침 아홉 시부터 아빠들이 아이들 학원 보내느라 집 앞 학원가가 차들로 빽빽합니다. 부모들도 아이들 공부에 관심이 많습니다. 교육열이 더 높다는 대치동은 어떠할지 상상도 못 하겠습니다.

저희가 이곳에 사는 이유는 '교육' 때문입니다. 아이들이 좋은 환경에서 자라기를 원했고, 한국 사교육의 우수함을 믿었습니다. 아이들에게 "너희들을 사교육의 황제로 만들어 주마."라고 말하기도 했습니다. 그런데 공부를 시킬수록 아이들이 힘들어합니다. 수학 문제집을 풀면서 짜증을 내고, 영어 단어를 외운다면서 노트북 화면만 계속 보고 있습니다. 주변 환경이 좋으면 아이들이 알아서 잘하는 거 아니었나요?

    4년의 영국 생활을 마치고 큰아들이 초등학교 1학년 때 한국으로 돌아왔습니다. 아내가 아이들을 직접 가르친다고 했습니다. 수학 문제집도 사고 유튜브도 보면서 큰아들과 함께 수학 공부를 하였습니다. 하루에 풀어야 할 문제 양도 정하고, 설명도 쉽게 해 줍니다. 대학교 때 수학 과외를 했다고 자랑하더니 정말이군요. 좋은 엄마입니다.
    영국 학교까지 다니다 온 큰아들입니다. 한국에 왔다고 영어를 잊어버리면 아쉽습니다. 집 근처에 영국 문화원이 있습니다. 영국식 커리큘럼으로 가르치기에 영어 잊지 말라고 큰아들을 보냈습니다. 영국 문화원은 아이들이 발표도 많이 하고 숙제도 별로 없습니다. 올바른 영어 교육이라 생각했습니다. 2년 정도 다니고 나니, 한국식으로 가르친다는 영어 학원의 장점에 귀가 솔깃해집니다. 하루에 영어 단어를 30개씩 외우고, 미국 초등학교 아이들의 영어책을 읽고, 일주일에 세 번씩 학원을 간답니다. 제 마음속에 있던 '사교육의 황제'라는 단어가 다시 생각나기 시작합니다. 아내도 이제는 한국식으로 공부할 때라고 생각하여 학원을 옮겼습니다. 레벨 테스트를 봤는데 큰아들이 중간입니다. 영국에서 살다 왔고 학원도 꾸준히 다녔는데 이 정도라기에 놀랐습니다. 역시 강남은 다르군요. 영어가 늦었다는 생각이 드니, 수학 학원도 찾기 시작했습니다.

대치동에서 유명한 수학 학원들이 집 근처에도 문을 열기 시작하였습니다. 저희는 여러 선택지가 생기니 좋았죠. 아내는 삼 년 동안 수학을 가르쳤기에 큰아들에게 맞는 학원을 찾습니다. 선행도 너무 하지 않고, 현행도 잘 가르치는 학원을요. 다른 학원들도 가야 하기에 수학 학원만 보낼 수는 없습니다. 일주일에 두 번 일곱 시부터 아홉 시까지 간답니다. 첫째는 집에서 엄마와 둘이서만 수학을 하다 학원에 가니 재밌답니다. 선생님도 잘 가르치고, 친구들도 사귀고요.

집 주변 반디앤루니스 서점에 가족과 종종 갔습니다. 초등학교 공부의 필요성을 알려 주는 책들에 자꾸 눈이 갑니다. 어렸을 때의 공부가 이렇게 중요했군요. 미리 공부 습관을 잘 잡아 놓아야 고등학교 때도 잘한다고 합니다. 아내도 동네에 익숙해지니 여러 정보를 듣기 시작합니다.

"수학은 초등학교 6학년 전에 정석을 들어가야 한다. 영어는 초등학교 마칠 때까지 수능 문제를 다 풀 수 있어야 한다. 중학교에 가서는 배웠던 영수를 복습하면서 고등학교 과정까지 마스터해야 한다. 그래야 고등학교 가서 수행 평가와 내신 준비를 동시에 할 수 있다."

들어보니 맞는 말 같습니다. 여기 아이들은 다 이렇게 한답니다. 당연히 우리 아이들도 똑같이 해야 하는 줄 알았죠. 영어, 수학만 공부할 수 없습니다. 운동도 해야 하니 줄넘기 학원도 보냅니다. 줄넘기 학원은 왜 보내나 싶었지만, 다녀보니 아이들이 달라지더군요. 쌩쌩이, 꺾기 등 신기한 기술을 배워 옵니다. 저는 2단 뛰기를 해 본 적도 없습니다. 아이들은 재밌다면서 계속 간다고 합니다. 역시 훌륭한 대한민국 사교육입니다.

아이들이 공부할 게 점점 많아집니다. 엄마가 큰아들 시간표를 꼼꼼하게 짜 주었습니다. 요일별로 공부할 과목과 목표도 넣고, 학원 갈 시간도 적어 놓습니다. 공부만 할 수는 없죠. 어렸을 때는 잘 놀아야 한답니다. 친구들과 만나는 시간도 빼먹지 않고 적어 둡니다. 아이들 잘 보이라고 방문 앞에 계획표를 붙여 두었습니다. 목표를 달성하면 칭찬 스티커도 줍니다. 다 모으면 원하는 장난감이나 피자도 먹을 수 있습니다. 더 '빡세게' 공부하는 아이들도 있다기에, 우리는 남들보다 덜 시킨다고 생각했습니다.

이상합니다. 큰아들이 자꾸 화를 냅니다. 수학 학원에서 배운 내용 복습하는데 어렵다고 하고, 영어 단어 외우는 데도 오래 걸립니다. 엄마가 만들어 준 시간표로 자주 싸우고, 엄마 탓을 합니다. 아들은 언제 놀 수 있냐고 물어봅니다. 엄마는 집중해서 할 일 다 마치면 노는 시간이 충분하지 않으냐고 다시 물어보죠. 친구들과 많이 만나지 않느냐면서, 잘 놀고 왔는데 왜 빈둥대느냐고 자꾸 다툽니다. 엄마는 아들과 싸우기도 하고 달래 가면서 공부를 시켰습니다.

1년이 지난 후 알게 되었습니다. 수학 학원에서 배운 내용을 큰아들은 다 이해하지 못했습니다. 선생님이 풀어주는 문제를 보고 온 거죠. 영어 학원은 친구들과 이야기하는 게 좋았답니다. 엄마가 짜준 시간표는 그냥 참고 자료일 뿐입니다. 자기가 짠 계획이 아니기에 그대로 하고 싶은 마음이 들 리가 없었죠. 우리는 적당히 공부시키는 줄 알았는데 아이들에게는 아니었습니다.

주변 이야기에 귀를 막고 우리 아이들만 봤습니다. 큰아들은 수학 개념을 충분히 생각한 후에 문제를 풉니다. 빠른 문제 풀이보다 이해가 먼저입니다. 선행 때문에 생각할 시간이 부족했기에, 답답해서 수학 문제를 풀면서 짜증을 냈습니다. 영어도 아이들과의 토론을 좋아했고 단어 외우는 것은 싫었답니다. 단어 외우는 양이 적은 학원이었지만, 아들에게는 힘들었습니다. 자신이 직접 짜지 않은 시간표는 남 탓하기 좋은 도구일 뿐이었습니다.

 엄친아가 있기는 있더군요. 잘생기고 공부도 잘하고 예의도 바릅니다. 우리 아들도 그랬으면 좋겠습니다. 그러나 엄친아가 제 아이는 아닙니다. 제 아들이 더 중요합니다. 남들 하는 대로 따라 하는 것보다 우리 아이들 공부 성향에 맞고, 아이들이 원하는 시간에 노는 계획이 더 중요합니다. 남들 다 좋다는 학원이 우리 아이에게는 안 맞을 수도 있었습니다. 아이들이 힘들어한 후에 알았습니다. 남과 비교하지 않고 소중한 내 아들만 보기로 했습니다.

## 2.
## 게임기를 부숴 버리다

초등학생 아이들에게 적당한 하루 게임 시간은 얼마일까요?

답을 찾지 못한 채 큰아들이 초등학교 고학년이 되었습니다. 주변에 스마트폰을 가진 친구들이 많아지니 고민되기 시작합니다. 아이들은 클수록 부모보다 친구들과 노는 것을 더 좋아합니다. 친구들끼리 게임 이야기도 하고, 스마트폰 게임도 봅니다. 당연히, 집에 오면 게임을 시켜 달라고 하죠. 하루에 조금씩 하는 것은 괜찮다고 생각했습니다. 친구들도 다 한다는데 시간만 잘 조절하면 되는 줄 알았습니다. 그러나 점점 큰아들 손에서 태블릿이 떨어지지 않습니다. 아내 걱정도 함께 늘어납니다. 초등학교 고학년이 되어갈수록 할 일들은 많아지는데, 게임을 하루에도 몇 시간씩 하려고 합니다. 중독이 될까 싶을 정도로 큰아들이 게임에 집착하기 시작합니다. 우리와 싸우는 일도 점점 늘어납니다.

   게임 시간을 줄이려는 엄마, 조금이라도 더 하고 싶어 하는 큰아들, 오래 공부한 아들에게 쉬는 시간으로 잠깐은 괜찮다고 생각한 저. 의견이 다른 세 명이 있기에 게임 규칙을 정하기가 쉽지 않습니다. 엄마가 안 된다고 해도 큰아들은 아빠가 하라고 했다면서 태블릿을 달라고 합니다. 하루에 게임 30분 한다고 큰일 나냐고 묻는 저와 전두엽이 자라지 않아서 자기 조절 능력이 부족해진다는 아내. 서로의 의견을 맞추기가 어렵습니다.

   큰아들은 게임을 할수록 신규 캐릭터들이 계속 나오니 태블릿을 매일 찾습니다. 저도 점점 불안해집니다. 큰아들이 게임을 온종일 해서 심하게 화를 냈었습니다. 한 번 더 게임 때문에 엄마와 싸우면 태블릿을 부순다고 말했습니다. 이 정도로 말했으면 게임 시간을 줄일 줄 알았는데 아니었습니다.

   큰아들이 초등학교 4학년 때의 일입니다. 매주 일요일 아침은 똑같습니다. 아들은 일어나자 저희 방에 들어옵니다. 침대에 누워서 우리 눈치를 보면서 물어봅니다. "게임 해도 돼?" 우리는 "안 돼."라고 말하죠. 큰아들은 기다립니다. 아침을 먹고 나서 둘째와 놀기 시작하면서 다시 물어봅니다. "게임 해도 돼?" "할 일 먼저 하고 해."라고 엄마가 이야기합니다. 숙제를 후다닥 마치고 나서 태블릿을 달라고 합니다. "딱 한 시간이야." 서로 정한 게임 시간을 알려 준 후 아내가 태블릿을 건네줍니다.

큰아들은 높은 집중력으로 태블릿에서 눈도 안 떼고 게임을 합니다. 그걸 지켜보는 우리는 한 시간도 못 참겠습니다. 공부를 그렇게 하라고 말해 주고 싶습니다. 1분이라도 더 못 하게 하려는 우리는 시계를 보면서 기다렸습니다.

10분 전부터 게임 시간 다 되어 간다고 큰아들에게 말해줬습니다. 한 시간이 되니 아내가 큰아들에게로 향합니다. "시간 다 됐다. 그만해." 끝날 시간을 미리 알려 줘도 소용없습니다. 큰아들은 하던 게임을 마무리해야 한답니다. "다 했어. 5분만." 이럴 때는 말해도 안 멈춥니다. 익숙해진 아내는 옆에서 기다립니다. "5분 지났다. 내놔." "조금만 더." "안 돼! 5분 더 줬잖아. 이제 끝내." "아! 조금만 더 하면 된다는데 왜? 이것만 하면 된다니까!" 이런 다툼을 3개월 동안 지켜보았습니다. 그날 아침은 저도 참을 수가 없더군요. 화가 머리끝까지 났습니다. 큰아들에게 차분하게 말했습니다.

"아빠, 망치 가지러 간다."

큰아들의 눈이 동그래집니다. 설마설마했겠죠. 신발장 안에 있던 망치를 가지고 와서 큰아들이 가지고 있던 태블릿을 강제로 낚아챘습니다. 부들부들 떨고 있는 큰아들 앞에서 망치로 태블릿을 부수었습니다.

"약속했잖아! 몇 번을 이야기했어! 왜 게임 때문에 이렇게 싸워야만 해. 실망이야!"

아내가 말릴 틈도 없이, 망치로 태블릿을 힘차게 내려쳤습니다. 한참을 망치질하며 태블릿을 부순 후에야 말했습니다. "게임 그만해!" 큰아들은 충격을 받고 침대 위에 쓰러져서 울기 시작하였습니다. 둘째는 잘 놀아 주는 아빠의 이런 모습에 놀라서 저만 빤히 쳐다보고 있고요. 아내 역시 저의 과격한 모습에 얼어붙어 있었습니다. 부부는 같은 생각을 보여 줘야 하기에 아내는 아이들 앞에서 아무 말도 안 했습니다. 제가 방에 와 있으니 옆에 와서 작게 한마디 합니다. "왜 비싼 거 부쉈어? 옆에 싼 거 있는데."

제정신으로 돌아오니 제가 무슨 짓을 했는지 알겠더군요. 큰아들 방에 갔습니다. 아까 모습 그대로 침대에 엎어져서 울고 있습니다. 충격이었을 겁니다. 아빠가 정말로 그럴 줄은 몰랐겠죠. 큰아들은 어깨를 축 늘어뜨리고, 밥도 깨작깨작 먹다 방에 다시 들어갑니다. 1개월 정도는 큰아들이 게임 한다는 말은 안 합니다. 이제야 큰아들이 아빠 마음을 이해했고 충격 요법이 효과가 있다고 생각했죠. 그러나 집에 태블릿은 없어도 친구들에게 스마트폰이 있습니다. 아이들의 이야기에 게임은 빠지지 않습니다. 큰아들은 태블릿 대신 우리 핸드폰으로 게임을 합니다. 액정이 깨진 오래된 태블릿을 다시 찾습니다. 태블릿을 부순 것은 한 번의 이벤트일 뿐이었습니다. 친구들이 늘 게임 이야기를 하는데 큰아들이 게임을 안 할 수가 있나요?

태블릿을 부순 것이 최선이었을까요? 아내가 앞으로는 그런 과격한 모습을 보이지 말라고 합니다. 큰아들은 지금도 그때가 공포였다고 합니다. 아이들을 위한 제 행동이 그저 충격으로만 남았습니다. 게임 시간을 조절하라는 제 의도는 아무도 기억하지 못합니다.

그때 이후로 2년이 지났지만, 큰아들과 게임 때문에 지금도 여전히 다툽니다. 지금은 여러 방법을 쓰면서 아이들과의 게임 시간을 조절합니다. 하지만 그때처럼 아이들을 위협하지 않습니다. 효과가 없다는 걸 아니까요. 아들을 이해하지 못한 폭력적인 행동은 큰아들에게 커다란 트라우마가 될 뿐입니다. 그 일 이후 제가 화를 내면 큰아들이 조심스럽게 물어봅니다.

"또 태블릿 부술 거야?"

서로를 이해하지 못한 채 사용된 극단적인 방법은 행동만 기억될 뿐이었습니다. 아이들이 게임을 하는 이유를 찾아가면서 비폭력 대화법, 하브루타 대화법을 사용해 봅니다. "안 돼! 그만!"이라는 말보다 아이들이 게임을 하는 원인을 생각해 보았습니다. 아이들에게 먼저 공감해 주고 게임 시간을 줄이는 방법에 관해 이야기합니다. 게임 시간도 서로 협의합니다. 싸우기도 하고, 더 할 때도 있지만 큰아들은 게임 시간이 다 되면 태블릿을 끄고는 했습니다.

초등학교 고학년이 된 아이들에게 이제는 충격 요법이 먹히지 않습니다. 전자 기기가 없는 시대로 돌아가지 않는 이상 게임을 안 할 수는 없습니다. 아이들과의 게임 시간 조절은 평생 할 일입니다. 불안하고 마음이 급해져도 아이들에게 참으면서 이야기합니다. 우리 아들들에게는 이 방법이 훨씬 더 잘 먹힙니다.

3.

# 선행은 필요할까요?

　초등학교 5학년인 큰아들이 선행을 시작하였습니다. 요즘 시대는 필수랍니다. 선행은 예습의 다른 말로 생각했었는데 아닙니다. 진도가 상상 이상입니다. 초등학교 5학년인데 중학교 수학을 나갑니다. 아내에게 빠르지 않으냐고 물어보았습니다. 이 정도는 보통이랍니다. 지금 다니는 수학 학원은 선행도 적당하고, 과제도 꼼꼼하게 봐 준답니다. 숙제 마칠 때까지 집에 안 보내거나, 사고력 훈련을 위해 몇 시간씩 공부시키는 곳은 아니랍니다. 영어는 주니어 토플을 배우기 시작했습니다. 토플은 대학생이 되어야 공부하는 줄 알았는데 초등학생도 배우는군요. 이게 정상인지 모르겠지만, 무거운 책을 들고 다니는 아들을 보니 제 마음은 가벼워집니다. 아들이 내용을 다 이해하는 거 맞겠죠?

　아홉 시에 집에 올 때면 큰아들을 수학 학원에서 데려오고는 했습니다. 아들 손을 잡고 이런저런 이야기를 하면서 옵니다. 학원에 늦게까지 있었으니, 집에 오면 금방 잘 줄 알았습니다. 학원 숙제가 남아 있답니다. 큰아들은 투덜대면서 방에 들어갑니다. 제 마음 한구석이 뭔가에 꽉 막힌 듯합니다. 공부하는 아들에게 가 봤습니다. 큰아들은 문제집을 펼쳐 놓고 책상에 가만히 앉아 있습니다. 어려운 문제를 푸느라 생각 중이겠구나 싶었죠. 그런데 눈은 문제집이 아닌 책상 구석을 멍하니 보고 있습니다. 손도 가만히 있습니다. 숙제하고 있는 것처럼 보이지 않습니다.

　공부한다면서 이런 모습으로 종종 앉아 있습니다. 큰아들에게 힘들면 그만두라고 하니, 학원이 재밌어서 계속 다니겠답니다. 그런데 숙제한다면서 책상에 멍하니 앉아 있습니다. 아내는 정신 차리라고 손뼉도 치면서 큰아들에게 이것저것 물어봅니다.
　"숙제 다 했어? 진도는 어디까지 나갔니?" 큰아들의 짜증이 터집니다. "열심히 하고 있다고! 나 숙제하는 거 안 보여?" 아내가 다시 말합니다. "집중해서 풀어야지!" 큰아들과 아내의 다툼이 끝이지 않습니다.

영국에서 살았었기에 큰아들은 영화도 자막 없이 봅니다. 뿌듯합니다. 한국에 와서도 학원을 꾸준히 보냈습니다. 다음 주 영어 시험이 있어 주말에 공부해야 한답니다. 모르는 단어도 찾고, 원어민 발음도 들어야 하기에 노트북이 필요하답니다. 다른 짓 할까 봐 어린이 종이 사전, 제가 쓰던 전자사전도 줘 봤습니다. 모두 구시대의 유물입니다. 불편해서 못 쓰겠답니다. 네이버가 최고랍니다.

공부할 단어 양이 많아 보이지는 않습니다. 한 시간이면 충분해 보이는데, 노트북을 몇 시간째 보고 있습니다. 제가 옆에 가면 가만히 있던 손이 휙 움직입니다. 공부한다는데 킥킥대기도 합니다. 단어 외우는 게 그렇게 재밌지는 않을 텐데요.

왜 이럴까요? 우리는 아이들 수준에 맞춰 학원을 보냈다고 생각했습니다. 숙제도 함께 봐 주고, 공부도 학원 진도 정도만 하라고 했죠. 큰아들은 책상에 하염없이 앉아 있을 때도 있고, 시험이 있는데도 침대에 누워 빈둥댑니다. 그리고는 게임 해도 되냐고 자꾸 물어봅니다. 가슴이 답답해지는 날이 점점 많아집니다.

아내도 그동안 쌓였던 게 폭발합니다. 큰아들 책상에 있는 문제집을 모두 쓰레기통에 버리면서 공부하지 말라고 합니다. 큰아들은 울면서 문제집을 다시 가져갑니다. 어려운 문제는 엄마가 도와주겠으니 말하라고 하죠. 큰아들은 심화 문제가 이해가 안 되니 쉬운 문제를 풀겠다고 합니다. 엄마가 대답합니다. 쉬운 문제는 충분히 연습했으니 어려운 문제들을 보면서 깊게 생각하는 힘을 기르자고요.

우리는 아들에게 학원 진도만 따라가라고 했습니다. 그런데 왜 힘들어할까요? 요즘 학교는 저 어릴 때의 국민학교 때와 다릅니다. 요즘 아이들은 학교 수업과 학원의 선행을 모두 공부해야 합니다. 큰아들도 열심히 한다고 책상에 오래 앉아 있습니다. 학원에서 시험 본다면 공부해야 하니 주말에도 집에 있자고 합니다. 공부를 안 한다고 말하지 않습니다. 그런데 왜 집에서 자꾸만 공부 때문에 싸울까요? 아이들 때문일까요? 우리 문제일까요?

1년 정도 지난 후에야 자기가 원해서 하는 공부와 시켜서 하는 공부의 차이 때문이라는 것을 알게 되었습니다. 아들은 어른들이 짜 놓은 계획에 맞춰 공부하고 있었습니다. 학원의 커리큘럼대로 아이들이 따라갈 수 있도록, 우리는 환경만 잘 만들어 주면 되는 줄 알았죠.

아이들에게 좋은 대학을 가기 위해 공부해야 하고, 명문대에 진학하면 잘 살 수 있다고 말했습니다. 하지만 미래에는 아이들에게 어떤 공부가 중요할까요? 수학 문제 풀고, 영어 단어 외우는 것은 아닐 겁니다. 자신이 필요한 것을 스스로 찾는 공부입니다. 남들이 짜 놓은 계획에 맞춰서 살아온 아이들이 자신에게 필요한 공부가 뭔지를 어떻게 알 수 있을까요?

큰아들과 우유 한잔하면서 이야기해 보았습니다. 수학 학원 가는 게 싫지 않지만, 심화 과정은 어렵답니다. 아이들과 영어로 대화하는 건 좋지만 단어 외우기는 싫다고 합니다. 아내와도 이야기한 후 학원을 바꾸자고 했습니다. 진도도 못 따라가는 학원들을 굳이 다니게 할 필요는 없었죠. 집에서 배웠던 거 복습하면서 아이들 수준에 맞는 학원을 다시 찾자고 했죠.

큰아들이 초등학교 6학년이 되었을 때 새로운 수학 학원에 보냈습니다. 선행도 하지만 아이들 수준에 맞춰서 가르친다는 소규모 학원입니다. 다른 영어 학원도 어려운 단어 외우게 하지 않습니다. 아내가 아이들 성격에 맞는 학원 찾기 위해 꽤 고생했습니다.

수학 학원에서는 중·고등학생들과 함께 공부합니다. 형들의 모습을 보면서 자신도 느끼는 게 있나 봅니다. 집에서는 30분 공부하기도 힘들다고 하더니만, 학원에서는 세 시간씩 앉아 있다 왔다면서 뿌듯해합니다. 이제는 영어 단어 외운다고 노트북 앞에 앉아서 킥킥대지도 않습니다.

　크고 유명한 학원은 시스템도 좋고, 실력 좋은 선생님도 많답니다. 하지만, 큰아들에게 맞지 않았습니다. 큰 학원에 가라고 하면 우리 생각해서 다닐 겁니다. 그렇다고 자기가 알아서 공부하지는 않을 것 같습니다. 큰아들이 자신에게 맞는 공부 방법을 시간이 걸리더라도 찾아갔으면 합니다. 지켜보는 저희는 불안하기만 그 과정을 도와줄 뿐입니다. 공부는 아이들이 하는 거죠.

4.

아빠 빠져!



"아빠 빠져!"

초등학교 4학년인 큰아들이 저에게 했던 말입니다. 이 말을 들었을 때 심장 박동기가 멈추듯 제 사고 회로도 잠시 멈췄습니다. 자상하던 큰아들은 그날 왜 그랬을까요?

큰아들은 남들을 생각해서 말을 조심스럽게 합니다. 자기가 한 말에 다른 사람들이 상처받았을까 봐 걱정도 합니다. 사람들에게 상처 안 주려는 큰아들의 마음 씀씀이가 기특합니다. 우리에게도 예쁜 말을 쓰는 사랑스러운 아들입니다. 엄마를 공주라고 핸드폰에 저장해

두기도 하고. 엄마가 제일 예쁜 사람이라고 말하기도 합니다. 제가 오면 문 앞에서 두 손을 흔들며 반겨줍니다. 그런 첫째가 엄마와 싸우다 저한테 이런 말을 하다니요.

큰아들이 수학 학원에 다니면서 엄마랑 종종 싸우고는 했습니다. 엄마의 정보력, 아빠의 무관심, 할아버지의 재력이 아이들 성공의 3대 요소라고 하죠. 괜히 아빠가 끼면 더 싸울 때도 있기에 지켜보았습니다. 둘이서 잘 극복하기만을 바랐습니다. 평상시 모자 관계는 좋습니다. 자상한 큰아들은 엄마 앞에서 애교도 부리고 장난도 잘 칩니다. 아내는 엄마로서 아들의 작은 일까지 신경 써 주고 아들의 널뛰는 감정을 다 받아줍니다. 그러나 둘이 싸우기 시작하면 심하게 다툽니다. 이런 일이 몇 번 있으니 저는 집에 들어가기 전에 집안 분위기를 먼저 봅니다. 집이란 가족이 화목하게 지내야 하는 곳인데, 큰소리가 나면 바늘방석에 앉은 것 같습니다.

그날도 수학 숙제하는 큰아들 옆에 아내가 있었습니다. 갑자기 둘 사이에 불길이 활활 타오르기 시작하였습니다. 안방에 있는데 방문을 뚫고 둘의 싸우는 소리가 들립니다. 옆집에서 신고할까 봐 걱정되더군요. 그동안 참고 있던 저에게 불이 붙었습니다. 둘이 싸우는 방에 가서 그만하라고 소리쳤습니다. 그러자 큰아들이 한마디 합니다.

"아빠 빠져!"

머릿속이 하얘지더군요. 아무 말 없이 핸드폰과 지갑만 들고서 밤 10시에 밖으로 나갔습니다. 아내나 아들도 놀랐을 겁니다. 아빠가 갑자기 아무 말 없이 밖에 나갔으니까요.

집을 나온 저는 목적지 없이 걸었습니다. 가다 보니 강남역 사거리입니다. 극장에서 〈존 윅3〉을 하고 있었습니다. 2주 전에 봤던 영화지만, 아무 생각 없이 다시 표를 끊고 극장에 들어갔습니다. 늦은 시간이라 빈자리가 많습니다. 눈앞에 보이는 자리에 아무 생각 없이 앉았습니다. 화면에서 키아누 리브스는 열심히 일하지만, 저는 영화는 보지 않은 채 극장에 멍하니 있었습니다. 앞에서 무슨 영화를 하더라도 상관없었을 겁니다. 전화가 오는 줄도 모르고 아무 생각 없이 있다가 밤 2시쯤 집으로 돌아갔습니다.

큰아들은 이미 잠들었고, 아내는 불 켜진 방에서 저를 기다렸습니다. 큰아들이 울면서 아빠 가출했다고 몇 번을 전화하고 문자도 보냈는데 왜 답이 없었냐고 물어봅니다. 아무 기억이 없었습니다. 핸드폰에 연락이 온 줄도 몰랐습니다. 부재중 전화와 문자가 와 있었군요.

답할 힘도 없었습니다. 조용히 침대 안으로 들어가 이불을 머리끝까지 뒤집어쓰고 눈을 감았습니다.

비단결 같은 마음을 가진 큰아들이 아빠에게 왜 그런 말을 했을까요? 일부러 한 말은 아닙니다. 자기도 화가 나서 얼떨결에 했을 겁니다. 우리 아이들 생활을 돌아보았습니다. 매일 할 일로 바쁩니다. 자기가 원하는 일들을 할 시간이 없습니다. 초등학교 4학년은 하고 싶은 일과 해야 할 일 중 무엇을 선택해야 할까요? 그전에 초등학교 4학년한테 둘 중 하나를 선택하라고 말하는 게 맞나요?

우리는 큰아들의 고등학교 3학년 때까지의 모습이 그려져 있었습니다. "집 가까운 중학교를 보낼까, 아니면 특목고를 잘 보내는 곳으로 보낼까?", "고등학교는 자사고나 특목고 중 어디를 보낼까?" 초등학교 4학년 아들을 둔 아빠 엄마의 대화입니다. 중·고등학교는 큰아들이 가는데 이 대화에 당사자는 없습니다. 자신이 갈 학교는 자신이 결정해야 하는 거 아닐까요? 그런데 왜 큰아들은 이 대화에 끼어 있지 않을까요? 아이가 갈 길을 우리가 미리 정해주었습니다. 참 대단한 부모입니다.

자기들의 일을 우리가 결정하고 그대로 가라고 하는데도, 착한 아이들은 아무 말 없었습니다. 큰아들은 답답해도 부모 생각하느라 군소리 안 하고 학원을 갔습니다. 힘들었을 겁니다. 그렇게 쌓인 감정들이 그날 폭발했었습니다.

다음 날 아침 큰아들이 아빠 어디 갔다 왔냐고 물어봅니다. 자기 전화도 안 받았다고 울먹이며 말합니다. 아들 얼굴 보니 어제의 감정은 다 없어집니다. 머리를 쓰다듬어 주며 그냥 영화 보고 왔다고 했습니다. 죄송하다고 하지만 아들 잘못은 아닙니다. 우리가 아들한테 미안할 일이죠.

공부량을 줄이고 아이들에게 자신이 할 양은 스스로 정해서 하라고 했습니다. 아이들이 알아서 공부하게 했더니 공부를 덜 합니다. 노는 시간도 많고요. 더 공부했으면 좋겠습니다. 하지만 무리하게 시켰다간 아들 인생에서 아빠가 통째로 빠질 것 같더군요. 큰아들 대신 제가 중·고등학교에 가지 않습니다. 부모가 짜 준 인생이 아닌 아이들이 자신의 길을 스스로 결정했으면 합니다. 그 첫 시작이 자신의 하루 계획을 스스로 짜 보는 겁니다. 구멍이 숭숭 뚫린 시간표를 우리는 양손을 꽉 쥐면서 지켜만 보고 있을 뿐입니다.

5.

## 엄마랑 이혼하는 줄 알았어

2021년 10월에 아내랑 두 번을 크게 싸웠습니다. 부부 싸움이야 가끔 했지만, 이번에는 심각했습니다. 싸움의 이유는 항상 아이들 교육 때문입니다. 우리 둘만의 일로는 다툴 일이 없지만, 아이들 일이라면 종종 목소리가 커집니다. 아파트에서는 어떻게 싸우든 아이들이 다 듣습니다. 우리가 싸우는 동안 아들은 무슨 생각을 했을까요?

저는 반도체 회사에 다니고 있습니다. 4차 산업, AI 등 미래에 일어날 이야기들을 많이 듣기도 하고, 세상이 변하는 걸 직접 느끼고 있습니다. 다양한 언어로 오는 메일도 구글 번역기만 돌리면 다 읽을 수 있습니다. 10년 전만 해도 영어 번역이 이상하다고 느꼈지만, 이제는 술술 읽힙니다. 실시간 통역기가 나와도 이상하지 않을 겁니다. 이런 시대에 매일 영어 단어 외우고 있는 아들들을 보면, 한국 교육 현실이 답답해집니다. 미래는 지금 세상과 달라질 테니, 아이들의 창의력, 재능 등의 중요성을 아내한테 말합니다. 아내는 가벼운 한숨을 쉬면서 제 말을 듣습니다. 그리고는 딱 하나만 물어봅니다.

"오빠 말 다 맞아. 그래서 아이들이 어떻게 공부하면 되는데?"

아내는 우리 집 선생님이기에, 제가 하는 말들이 뜬구름처럼 느껴진답니다. 그런 말보다도 큰아들에게 이차 방정식을 어떻게 쉽게 알려 줄지, 둘째에게 영어책을 어떻게 읽힐지가 더 중요합니다. 아이들에 적당한 학원도 찾아야 하고 친구들과 놀 시간도 잡아 줘야 합니다. 저는 아내한테 눈앞의 현실만 보고 있다고 말했고, 아내는 제가 현실도 모르고 미래만 생각하고 있다고 합니다. 아이들 얘기만 나오면 서로 자기가 옳다고 으르렁댔습니다.

그러다 10월에 1차, 2차 반포 대전이 터졌습니다. 1차 대전은 10월 첫째 주에 발발하였습니다. 서로 쌓여 있던 것들이 폭발하였죠. 전쟁이 나기 전부터 이미 우리 사이에는 식은땀이 흐르는 긴장감이 있었습니다. 서로 공격할 명분이 없었을 뿐입니다. 사라예보에서의 단 한 발의 총알로 1차 세계 대전은 빠르게 시작되었습니다. 지금은 기억도 안 나는 작은 일로 우리도 갑자기 싸우기 시작했습니다. 1차 세계 대전의 참호전처럼 우리 둘은 결론은 못 낸 채 각자의 의견만 주장하며 엎치락뒤치락 싸우고만 있었습니다. 전쟁이 나면 가장 피해 보는 사람들은 민간인입니다. 저희가 큰소리로 싸우는 동안 둘째는 옆에서 우리 싸움을 듣고 있었습니다. 휴전 협정이 이루어질 때쯤 둘째가 보이더군요. 그러나 서로 흥분된 상태였기에 둘째가 옆에 있다는 생각도 못 했었습니다. 민간인인 그 아이가 어떤 마음이었을지는 가늠조차 못 했죠. 결국 반포 1차 대전은 아무런 결론 없이 끝나 버렸습니다. 타이머가 정해진 시한폭탄처럼, 2차 대전은 터질 시간만 기다리고 있었습니다.

2차 대전은 10월 셋째 주에 일어났습니다. 그동안 서로를 차갑게 보고만 있었습니다. 히틀러가 차근차근 전쟁 준비를 하였듯이, 저 역시 아내한테 할 말들을 조금씩 모아 놓고 있었습니다. 큰아들은 학원에 가고 없었습니다. 아내가 툭 던진 말에 제가 툴툴거렸습니다. 지난 전쟁의 상처가 아직 남아 있었거든요. 히틀러가 급격하게 폴란드를 공격하면서 시작한 2차 세계 대전처럼, 저도 아내를 갑자기 몰아붙이며 반포 2차 대전이 시작되었습니다. 아내는 수세에 몰린 연합군처럼 머뭇거립니다. 승기를 잡았다 싶었는데, 둘째가 학원을 가야 합니다. 덩케르크에서 연합군이 극적으로 퇴각하듯이, 아내가 둘째를 데려다준다면서 제 공격을 피해서 나갔습니다.

둘째를 학원에 보낸 후 아내가 돌아옵니다. 연합군의 노르망디 상륙 작전처럼 아내는 집에 오자마자 대대적인 반격을 시작합니다. 더는 밀리면 안 된다는 생각에 최대한 버텼지요. 모든 화력을 서로에게 퍼부으며 공방전을 펼쳤습니다. 전쟁은 한쪽이 항복하면 끝납니다. 부부의 전쟁에 백기 투항은 없습니다. 다시 휴전인 채로 싸움을 멈추었습니다. 육탄전은 없었지만, 전쟁이 남기고 간 상처는 쉽게 사라지지 않습니다. 서로 꽁한 마음만 남긴 채 전쟁은 끝났지만, 그날도 민간인의 피해를 생각지 못했습니다.

그날 저녁 둘째와 저녁을 먹고 있었습니다. 둘째는 눈치가 빠릅니다. 우리가 싸우는 것을 모두 들었겠지만, 한마디도 없었습니다. 표정도 변하지 않았기에 저는 둘째에게 아무 일도 없는 줄 알았습니다. 둘째가 불현듯 말합니다.

"아빠, 엄마랑 이혼하는 줄 알았어."

제 젓가락이 공중에서 잠시 멈추었습니다. 밥은 먹지 못하고 아들 얼굴을 보았습니다. 둘째는 아무런 표정 없이 앞에 있는 반찬만 집고 있습니다. 민이는 어리기에 솔직합니다. 하지만 '이혼'은 초등학교 3학년이 할 단어는 아닙니다. 저희는 아이들이 잘될 방법을 찾고자 했습니다. 서로에게 자신이 생각한 교육 방법을 강요했습니다. 하지만 부모가 이혼할 정도로 보이면서까지 싸울 일은 아닙니다. 전쟁은 끝났지만, 둘째에게는 잊지 못할 추억을 남겼습니다.

아내가 아이들 교육 관련해서 말할 때마다 저는 "아니야!"라고 말했었습니다. 이제 그런 말이 나올 것 같으면 조용히 듣습니다. 아내도 제 대꾸가 없으면 자기와 생각이 다르다는 것을 눈치챕니다.

아내가 아이들 교육에 대해서 저와 다른 생각을 말하면 고쳐줘야 하는 줄 알았습니다. 아이들을 위해서요. 굳이 그러지 않아도 되더군요. 제 생각을 차분히 말하고 기다리면 아내의 아이들에 대한 태도가 조금씩 바뀝니다. 때로는 잔소리하고 싶어서 입이 근질근질하기도 합니다. 16년을 같이 살았으니 어디까지 말해야 할지 느낌이 옵니다. 아내가 말하는 것을 조용히 듣고 있으면 아내가 왜 그런지도 알 것 같더군요.

다 우리 아이들 잘되라고 싸웠습니다. 이제는 서로의 생각을 강요하지 않습니다. 반포 3차 대전은 없습니다. 서로 타 주는 커피를 마시면서 조용히 이야기할 뿐입니다. 둘째가 다시 그 단어를 입에 담을 일은 없을 겁니다.

6.

## 중학교는 어디로 보낼까?

2022년에 2월에 큰아들은 집에서 가까운 A중학교로 배정을 받았습니다. 2년 전만 해도 큰아들을 어느 중학교에 보내는 것이 좋을지 아내와 진지하게 고민했었습니다.

큰아들이 초등학교 4학년이 되니 중학교가 걱정됩니다. 초등학교 잘 다니면 알아서 쑥쑥 클 줄 알았습니다. 아니었네요. 대학 입시 전략에 맞는 고등학교를 중학교 다닐 때 골라야 하기에, 중학교도 중요하답니다. 제가 사는 동네는 학구열이 높기에 어느 중학교에 가도 다 좋다고 합니다. 제 마음은 그렇지 않습니다. 공부 많이 시킨다는 학교에 갔으면 좋겠습니다.

집 근처에는 A중학교와 B중학교가 있습니다. 둘 다 학습 분위기는 좋다지만 공부하는 스타일이 다르답니다. 저나 아내는 특목고 진학률이 높다는 B중학교에 관심이 쏠립니다. 근처를 지나가면서 우리 아이 다닐지도 모르니 학교 안도 유심히 보고는 했습니다. B중학교는 학교 시험 문제가 어려워서 아이들이 공부를 열심히 할 수밖에 없답니다. 하지만 아들은 집에서 가까운 A중학교에 갈 겁니다. 특목고 진학률은 B중학교보다 떨어지지만, 아이들이 자유롭게 공부하는 분위기랍니다. 잘될 놈은 잘된다고 걱정하지 말라는 부모들도 있습니다.

B중학교에 가려면 큰아들이 초등학교 5학년 때에 미리 이사해야 합니다. 학교 근처에서 오래 산 아이들 먼저 배정되기에, 학교 주변에 일찍 가 있어야 합니다. 계획을 세워 보았습니다. 우리 집은 전세를 놓고, 근처 집에 전세로 들어가면 됩니다. 돈이 부족하면 대출 좀 받고요.

큰아들이 B중학교에 가면 둘째가 힘들어집니다. 지금은 집에서 초등학교까지 걸어서 15분 정도면 가지만, 이사 가면 둘째는 버스를 타고 학교에 가야 합니다. 아이들 학원 가기도 불편해집니다. B중학교 근처에는 학원들이 많지 않아서 셔틀을 타고 근처에 있는 학원가로 와야 합니다. 지금 사는 곳은 바로 앞이 학원가라 아들은 집에서 걸어

다닙니다. 아이들은 학원 다니기 편합니다. 주말이 되면 차 안에서 아이들 학원 끝나기를 기다리는 다른 부모들을 종종 봅니다. 저도 학원 보내기 편합니다.

    어느 중학교를 보낼지 고민되더군요. B중학교를 다니는 아이의 부모들 이야기를 들어봅니다. 공부 잘하는 아이들이 많지만, 학업량을 소화 못 하는 아이들에게는 힘든 학교일 수 있다고도 합니다. 이상하죠? 아무 근거도 없이 우리 아이들은 잘할 것만 같습니다. A중학교 다니는 학부모들 이야기도 듣습니다. 요즘 학교 분위기가 바뀌어서 공부도 많이 시키고 좋답니다. 이사까지 가면서 힘들게 다니지 말고 가까운 곳에 보내라고 합니다. 고민됩니다. 아내와 함께 다른 사람들 말을 모으러 다닙니다. 이야기할수록 점점 과거로 돌아갑니다. 이 집 말고 대치동 집을 샀었더라면, 대치동에 전세로 갔었더라면, 못 산 삼성전자 주식 타령하듯이 지나간 일들에 대해 후회만 하고 있었습니다.

    지금이라도 대치동으로 옮겨 볼까 생각도 해 보았습니다. 그러자 대치동으로 이사 가는 부모들 이야기가 들려옵니다. 현명한 부모들 같습니다. 진작 갔으면 이런 고민 없었을 거라면서 아쉬워합니다. 다시 주변 사람들 말을 모으러 다닙니다.

아이들은 이런 부모의 고민을 모릅니다. 집 주변 어느 중학교가 좋은지, 대치동의 유명한 중학교에도 관심 없습니다. 큰아들은 오늘 친구들과 한 게임과 집에 있는 레고가 더 중요합니다. 중학교에 가고 공부하는 사람은 큰아들입니다. 그런데 아이들에게는 어느 중학교에 갈지 한 번도 물어보지 않았습니다. 우리가 정하면 아이들은 그대로 따라 올 테니까요. 지금 집에 있기로 했습니다. 이미 학원 때문에 힘들어하는데, 아이들에게 더 큰 부담을 주기 싫었습니다.

부모가 아이들의 성장을 방해하는 것 같은 생각도 듭니다. '더' 좋은 환경에서 '더' 많이 공부시키면 아이들이 '더' 잘할 수 있는 거 아닐까? 부모의 게으름 때문에 '더' 좋은 기회를 날리는 게 아닐까 싶습니다.

"왜 그때 더 공부 안 시켰어? 그랬으면 지금 이렇게 힘들지 않잖아!"

아이들이 커서 이런 말을 하면 우리는 후회할지 모르겠습니다. 이런 불안감에 자꾸 아이들에게 공부하라는 말을 하나 봅니다.

지금도 학원 숙제로 큰아들은 엄마와 자주 싸웁니다. 크면 더 힘든 일도 있으니 이 정도는 별거 아니라고 말했습니다. 일어나지도 않은 일을 부모가 미리 걱정해서 준비시켜 주고 있습니다. 보도 쉐퍼의 《멘탈의 연금술》에 이런 말이 있습니다.

"걱정은 당신의 뇌가 만들어낸 작품이다."

밑줄 긋고, 별표도 치면서 읽고 또 읽었습니다. 뇌가 만들어낸 작품은 잠시 내려놓고 우리 아이들만 봅니다. 우리 아들들 잘하고 있습니다. 공부하기 싫어 엄마와 싸우는 게 아닙니다. 잘하려는데 안 돼서 짜증을 내는 겁니다. 괜한 불안감에 우리 아이들이 못 할까 봐 조마조마했습니다. 미리 걱정하지 말고 지금 아이들이 하는 공부 잘하게 도와주자. 그게 우리가 할 일입니다.

7.

## 명문대 아니면 취업이 안 된대

"공부를 잘하는 아이가 자신감이 넘치는 것이 아니라 자신감이 넘치는 아이가 공부를 잘하는 것이다."

《자녀의 행복한 인생을 약속하는 부모의 지혜》에 나온 말입니다. 읽는 순간 "아하!"라는 말이 툭 튀어나옵니다. 맞는 말일까 싶어 주변 사람들을 찾아봅니다. 자신감이 넘치면서 공부도 잘하는 사람들이 바로 생각납니다. 요즘 신입 사원들입니다. 요즘 같은 시기에 회사에 들어오는 직원들은 스펙도 대단하고 회사 업무도 당당하게 합니다.

저는 대기업에 다니고 있습니다. 취업이 하늘의 별 따기라던데, 신입 사원들은 어떻게 입사했을까요? 한국의 명문대나 외국 유명 대학교를 나온 직원들. 3개 국어가 가능하고, 술주정도 영어로 한답니다. 대단합니다. 스펙만 좋은 게 아닙니다. 신입 사원들은 회사에서도 허리를 꼿꼿하게 세우고 가슴도 활짝 펴고 다닙니다. 허리 숙여 다니던 제 입사 때의 모습과는 다릅니다.

대리 때 엑셀 잘한다는 말을 들었습니다. 하지만 요즘 애들 앞에서는 자랑하면 안 되겠더군요. 류현진 앞에서 나 공 잘 던진다는 말과 같습니다. 몇 년 전 신입 사원이 만든 엑셀 테이블을 봤습니다. vlookup, sumif 같은 함수만 썼던 저와는 수준이 다르더군요. 엑셀에 이렇게 많은 기능이 있는지 몰랐습니다. 필요한 값을 넣으면 데이터가 변합니다. 이런 걸 어떻게 알았을까요?

인사도 잘하고 뭐든 시키기만 하면 "해 보겠습니다."라고 말하던 신입 직원이 있었습니다. 하루는 늦게 퇴근하는데 사무실에 그 직원도 일하고 있더군요. 성격도 서글서글하기에 큰아들 초등학교 들어가는데 어떻게 공부했냐고 물어보았습니다. 저도 참 대단하죠? 야근하고 있는 직원에게 아들 공부 상담을 하고 있으니까요. 신입 직원은 자신의 이야기를 해 줍니다. 대치동 학원에 다녔고 명문대를 나왔었네요. 역시! 좋은 대학 나오니 일도 잘하는구나 싶었습니다. 잘된 친구들, 힘들었던 친구들. 자신의 어려웠던 학창 시절도 이야기해 줍니다. 이 신입 사원은 어렸을 때부터 쭉 잘해 왔을 줄 알았습니다. 공부가 힘들어서 좌절할 때도 있었답니다. 어려운 과정을 극복하면서 커 왔더군요. 부모님이 도와줘서 지금까지 왔다는 희망 섞인 말도 해 줍니다.

저는 이 직원이 자라던 모습을 모릅니다. 이미 좋은 대학 나와서 자신감 있는 모습만 봤습니다. 명문대 나왔기에 일도 잘하고 당당한 줄 알았습니다. 아니었습니다. 힘든 일을 극복하면서 자신감을 키워 갔네요. 그러한 삶이 모여서 취업도 하고 회사 일도 잘할 수 있는 거고요. 우리는 아이들의 미래만 보고 있었지, 어떻게 자라야 하는지는 미처 생각해 보지 못했습니다.

우리 아들을 떠올려 봅니다. 큰아들은 로봇 공학자가 꿈입니다. 공부 동기를 줘야 한다고 해서 대전의 카이스트에도 갔습니다. 건물 앞에서 사진도 찍고 무엇을 공부하는지도 알려 주고요. 초등학교 4학년인 큰아들은 한국에서 대학이 어떤 의미인지 모릅니다. 카이스트는 등록금도 싸고, 학생들에게 용돈도 주고, 네가 원하는 로봇을 만드는 회사에도 취업할 수 있다고 말했습니다. 큰아들은 부모가 좋다고 하니까 카이스트에 가고 싶답니다. 그러나 카이스트가 말로만 갈 수 있는 곳은 아니죠. 책도 많이 읽고 해야 할 공부도 많습니다. 대전에서 먹은 돈가스는 좋아해도, 공부하는 것은 힘들어합니다. 어려운 수학 문제나 하기 싫은 공부가 있으면 "망했어."라고 말하면서 도망 다닙니다. 못한다고 말하기 전에 먼저 해 보라고 하지만 아이들이 "응, 난 할 수 있어!"라면서 책상에 알아서 앉지 않습니다.

어려워 보이거나 해 보지도 않은 일에 도전하려면 아이들이 '난 잘 할 수 있어.'라는 생각이 있어야 할 겁니다. 그런데 이런 마음을 어떻게 기를 수 있을까요? 자신감을 가르쳐 주는 학원도, 문제집도 없습니다. 아이들이 스스로 가지게 만들어 줘야 합니다.

어몽 어스라는 게임에 나오는 장면들을 골판지로 만드는 방법을 유튜브에서 알려 줍니다. 아들들은 집에 있는 택배 박스로 만들었습니다. 유튜브에서 봤던 종이와 다른지 모양이 잘 안 나옵니다. 아이들과 함께 한가람 문고에서 골판지, 고무줄, 글루건 등을 샀습니다. 새로운 도구가 생기니 도전 의식이 생기나 봅니다. 처음 해 보는 일이지만 재밌답니다. 유튜브를 보고 또 보고, 박스를 오리고 붙이고 몇 시간을 집중해서 만듭니다. 유튜버만큼은 아니지만 좋은 작품이 나왔습니다. 동작도 잘 됩니다. 하나하나 완성될 때마다 우리는 열심히 칭찬해 줬습니다. 작품을 들고 둘이서 이 방 저 방 뛰어다니며 놉니다.

며칠이 지나니 열심히 만든 작품들이 책장 위에 덩그러니 놓여 있습니다. 다 가지고 놀았으니 흥미가 떨어졌습니다. 지저분해 보여서 버리려고 했습니다. 아내가 말립니다. 아이들이 일부러 책장 위에 두었다고 하며, 아들들이 자신의 작품을 보면서 은근히 자랑스러워한답니다. 예상하지도 못한 곳에서 아이들 자신감이 자랐군요. 처음 하는 일이지만 좋아하니까 힘들고 귀찮아도 만들었습니다. 조금 부족해 보여도 자신이 만든 작품을 보면서 좋아했습니다. 그리고 부모의 진심 어린 칭찬도 있었고요. 이런 좋은 기억들이 모여서 자신감이 자랄 수 있는 양분이 되었나 봅니다.

아이들이 좋아하고 잘하는 것들은 항상 있습니다. 우리는 그게 공부였으면 합니다만, 우리 마음대로 되지 않죠. 큰아들이 어려운 레고를 만들 때, 둘째가 힘든 피아노 연습을 끝냈을 때 칭찬을 가득 해 줍니다. 영혼 없는 "잘했어."가 아니라 옆에서 좋았던 점을 하나씩 말해주면서 함께 즐거워합니다. 아이들이 어려운 과정을 하나씩 하고 나면 뒤에는 아빠, 엄마의 찐 칭찬이 있습니다. 아이들의 자신감이 +1 상승합니다. 그렇기에 매일매일 칭찬하고 아이들 좋아하는 것을 할 수 있도록 우리가 도와줄 뿐입니다. 아이들 자신감이 만렙 찍을 때까지요.

8.

## 학교는 빠져도 학원은 못 빠져

집 앞은 학원가입니다. 평일 저녁 9시면 아이들을 태운 노란색 버스들이 줄지어 있습니다. 평일만 이러지 않습니다. 주말 아침에는 부모들이 아이들을 학원에 데려다주러 옵니다. 아이들은 종종걸음으로 학원에 들어가고, 부모들은 주차할 곳을 찾아 주변을 돌아다닙니다. 우리도 주말은 아이들 학원 때문에 바쁩니다. 가끔 가는 가족 여행마저도 아이들 학원 일정 피해서 잡아야만 합니다.

큰아들이 5학년 때 영월로 가족 여행을 갔습니다. 저는 역사를 좋아하고, 운동을 싫어합니다. 아이들과는 스키장, 수영장보다 박물관, 사적지 위주로 다닙니다. 저도 재밌고, 아이들 교육에도 좋습니다. 이제는 몸으로만 놀아 줄 때가 아닙니다. 아들들이 역사 시간에 배운 것을 직접 봤으면 했기에, 유적지로 여행을 가려고 했습니다. 아버지와 함께 갔던 영월의 고씨 동굴, 단종 유배지가 생각납니다. 옛 생각도 나고 아이들에게도 한국 역사를 보여 주러 주말에 기쁜 마음으로 떠났습니다.

  강원도 가는 길에 막국수도 먹고, 관광지로 유명한 한반도 지형도 들려서 유일한 분단국가인 한국의 현실에 대해서도 알려 주었습니다. 아이들 교과서에도 한국 근현대사가 나오더군요. 민감한 내용이지만 아빠가 아는 것들을 말해 줍니다. 영월의 청령포 주차장에 도착했습니다. 5분 정도 배를 타고 단종 유배지에 들어갑니다. 배에서 내려 주변을 둘러봅니다. 녹색의 소나무 잎 사이로 파란 가을 하늘이 보입니다. 소나무 냄새가 강바람에 실려 향긋하게 다가옵니다. 발걸음이 가벼워집니다. 아이들도 오랜만에 본 숲과 강변의 돌들을 보며 토끼처럼 뛰어다닙니다. 주말에 자연에서 함께 있는 것도 좋지만, 메타버스, AI와 함께 살아갈 아이들입니다. 비판적 사고력을 틈틈이 길러 줘야 합니다. 네이버에서 찾은 내용을 아이들에게 물어봅니다.

  "아들들, 단종과 수양대군은 알지?"

"응, 삼촌인 수양대군이 조카의 왕위를 빼앗고 단종을 죽였지. 나쁜 사람이야."

"그런데 수양대군은 경국대전도 편찬하고, 왕권을 강화하는 좋은 일도 했다고 해. 사람을 한 가지의 일로만 평가할 수는 없어. 어떻게 생각해?"

아들들의 눈동자가 흔들립니다. 아빠가 또 어려운 말을 하니까요. 아빠, 엄마는 뒤에 버려둔 채 숲속으로 달려갑니다. 다음에는 좀 더 쉽게 물어봐야겠습니다.

푸른 숲을 따라 단종이 지냈다던 숙소로 향했습니다. 왕이 지냈다고 하기에는 작고 초라해 보입니다. 단종이 유배되었을 때가 큰아들 나이인 열두 살 정도랍니다. 그 어린 나이에 힘든 시기를 보냈다고 생각하니 마음이 무거워집니다. 주말에 1분이라도 더 게임 하려고 엄마와 협상하는 큰아들이 어려 보이기만 합니다.

단종을 기리기 위해서 임금이 계시는 곳인 어소를 향해, 소나무가 숙이고 있다고 큰아들이 가르쳐 줍니다. 저와 아내의 눈동자가 커집니다. 우리가 모르는 내용을 알고 있다니 뿌듯해집니다. 단종이 앉아서 쉬었다는 관음송도 보고, 뒷산에 있는 망향탑에 올라갔습니다. 단종이 여기에서 한양을 그리워했답니다. 망향탑에서 보니 서강이 보입니다. 아들들에게 한양에서 여기까지 온 단종의 마음이 어땠을지, 금방 건널 수 있을 것 같은 저 강을 못 넘는 단종에 대해 생각해 보자고 물어봅니다. 아들들도 직접 지형을 보니 이상하다고 합니다. 산을 몰래 넘어서 넓지도 않은 저 강을 왜 못 건넜냐고 말합니다. 네이버에서 못 봤던 질문입니다. 생각해 보라고 하고는 내려왔습니다.

이후 단종의 시신이 있다는 영월의 장릉으로 갔습니다. 옆에 있는 문화 해설사가 설명하는 내용을 함께 듣습니다. 신이 지나가는 길인 신도와 왕이 다닌다는 어도도 설명해 줍니다. 직접 돌길도 걸어 봅니다. 책으로만은 배울 수 없는 지식입니다.

역사 탐방을 했으니, 저녁은 놀 시간입니다. 콘도에 가서 치킨과 떡볶이를 시켜 줬습니다. 아이들은 늦은 시간까지 게임을 합니다. 숙소에 오면 잠잘 때까지 게임 해도 된다고 아이들과 약속했습니다. 아이들이 여행을 좋아하는 이유가 다 있습니다.

코로나 때문에 오랜만에 온 여행이라 가족들이 모두 들떠 있습니다. 아쉽지만 길 막히기 전에 일찍 떠났습니다. 집에 가면 일요일 오후

2시쯤 되겠네요. 월요일에는 학교도 가야 하니 늦게 들어갈 수는 없습니다. 집에 일찍 갈 것 같다고 하니 아내가 말합니다. 저녁에 큰아들 수학 보충 수업이 있다고요. 요즘 아이들은 학교는 빠져도 학원은 빠지면 안 된다고 합니다. 진도도 밀리고 학원비도 냈으니 학원은 꼭 가야 한답니다.

큰아들은 뒷좌석에서 학원 꼭 가야 하냐고 물어봅니다. 입은 쑥 튀어나왔고, 눈은 신발만 보고 있습니다. 저는 아무 말도 못 했습니다. 일요일 오후에 학원 보충 수업이 있을 거라고는 생각도 못 했습니다. 집에 가서 아이들과 하루를 어떻게 재밌게 마무리할까 생각 중이었는데 괜한 고민이었습니다.

주말에 놀러 간 날도 학원을 가야만 할까요? 여행 때문에 학원은 못 갈 수도 있었을 텐데, 아내는 왜 미리 말하지 않았을까요? 이야기했을 겁니다. 제가 안 들었겠죠.

그날 저녁 군말 없이 학원 가방을 메고 나가는 큰아들의 뒷모습을 보니 어제 먹었던 술이 눈까지 올라옵니다. 어린 나이에 유배된 단종에 비하면 일요일에 학원에 가는 일은 별일 아닐 수도 있습니다. 하지만 큰아들 마음을 제가 어떻게 알 수 있겠습니까? 학원 마치고 온 아들을 꼭 안아 주었습니다.

    영월을 다녀온 지 벌써 1년이 지났습니다. 큰아들은 주말에도 학원에 다닙니다. 하지만 여행을 가는 날에는 학원을 가지 않습니다. 아들들의 뒷모습을 보면서 알게 되었습니다. 공부는 학원에서만 배우는 게 아닙니다. 가족의 따뜻함도 배울 시간이 필요합니다. 집에서 아이들과 있는 시간을 늘려야 하겠네요.

제3장

# 아빠 달라져 볼게

1.

## 아이는 부모의 손을 보고 자란다

학원에 간다고 아이들이 배운 것을 다 이해하지는 않더군요. 아이들 성격과 학습 습관 등을 고려하여 학원을 골라야만 합니다. 아이들의 의견을 듣고 함께 결정했지만, 학원을 웃으면서 다니지는 않습니다. 그나마 예전보다 짜증도 덜 내고, 엄마와 싸우는 모습도 줄어 다행입니다. 아이들이 조금씩 달라지고 있었지만, 저는 어떤가요? 저 역시 바뀌어야만 했습니다.

아이들은 부모의 '등'을 보고 자란다고 하지만, 우리 집 아이들은 아빠의 '손'을 보고 자랍니다. 제 손에 있는 물건이 무엇인지에 따라 아이들이 행동이 달라집니다.

퇴근 후 집에 오면 저는 소파에 누워 핸드폰을 봤습니다. 아이들이 거실에서 공부하면 방에 가서 유튜브를 틀었죠. 핸드폰이 제 손에서 떨어질 일이 없었습니다. 침대에 누워 유튜브를 켜면, 아이들은 쏜살같이 제 옆에 와서 고개를 쑥 들이밉니다. 평상시에 이렇게 붙어 있어 주면 얼마나 좋을까요? 하지만 아이들 몸은 제 옆에 있어도 눈은 제가 틀어 놓은 동영상을 보고 있습니다. 아빠가 볼 시간이니 너희들은 옆에 있으면 안 된다고 하면서 핸드폰을 껐습니다. 아이들은 입이 뾰로통해진 채 밖으로 나갑니다. 그러면 저는 다시 자연스럽게 핸드폰을 켰습니다. 이때 핸드폰을 보면 안 되는 줄 알지만, 제 손은 멈출 줄 몰랐습니다. 벽을 사이에 두고 저는 유튜브 등을 보고 있고, 아이들은 자기들끼리 놀고 있습니다. 평일에는 가족끼리 있는 시간도 많지 않은데, 그 순간마저 저는 스마트폰만 보고 있었습니다.

주말이라고 크게 달라지지 않습니다. 아이들과 이야기하고 노는 시간도 늘어나지만, 제 손에 스마트폰이 붙어 있는 시간도 길어집니다. 아이들은 늘 제 손을 보고 있습니다. 제가 손에 있는 핸드폰에 집중할수록 자기들도 게임이나 유튜브 하겠다는 요구가 늘어납니다. 둘이 잘 놀다가도 제가 유튜브를 켜면 슬그머니 제 옆으로 옵니다. 아빠랑 함께 보는 게 재밌답니다. 폭력적인 영화 장면들도 나오기에 아이들을 보게 할 수는 없습니다. 핸드폰을 끄고 아이들을 밖으로 내몹니다.

매일 밤 10시 50분이면 핸드폰으로 그날의 웹툰을 클릭했습니다. 1초라도 먼저 보고자 계속 새로 고침을 눌렀죠. 그날의 인기 작품들을 다 본 후에야 잠들었습니다. 열한 시면 아이들도 방에 자러 갔기에 괜찮다고 생각했지만, 아이들도 우리가 밤에 핸드폰 하는 거 다 압니다. 아빠는 만화 보고 엄마는 드라마 보면서 자기들은 안 보여 준다고 툴툴거립니다. 아빠, 엄마는 어른이기에 봐도 된다고 말하지만, 아이들이 순순히 고개를 끄덕여 주지 않습니다.

아이들의 성향에 맞춰 학원을 바꿨습니다. 아이들 얼굴이 훨씬 좋아 보입니다. 숙제도 알아서 하고, 책 보는 시간도 조금씩 늘어납니다. 하지만 저는 여전히 침대나 소파에 누워 핸드폰만 보고 있었습니다. 아이들도 변해 가기에 저도 뭔가 해야만 했습니다. 핸드폰 바탕화면에 있는 유튜브와 웹툰 앱을 지웠습니다. 며칠을 고민했습니다. 유튜브에서 틀어주는 재밌는 영상들, 아직 끝나지 않은 웹툰들의 결말이 궁금하여 도저히 지울 수가 없었지만, 눈을 딱 감고 삭제했습니다. 1초도 안 걸렸습니다. 속이 후련하더군요. 늘 손에 있던 핸드폰이 없으니 허전합니다. 금단 현상이 옵니다. 손이 뭔가를 누르며 움직여야 하는데 허공만 클릭하고 있습니다. 답답해서 주변에 있는 책을 집어 들었습니다. 책을 펼쳐보지만, 화려한 동영상만 보던 눈은 하얀 바탕과 까만 줄에 집중이 안 됩니다. 재미도 없습니다. 그래도 예전부터 봐 왔던 책들입니다. 한 줄 한 줄 읽어가니 한 권씩 읽게 되더군요.

 손에 책을 들고 있는 제 모습을 아이들이 봅니다. 게임이나 유튜브를 보겠다는 말이 없어집니다. 핸드폰을 손에 들면 아이들은 제 옆에 옵니다. 유튜브를 보는 줄 알고 왔겠지만 저는 뉴스나 블로그를 확인하고 있습니다. 그렇다고 아이들이 자기 방으로 가지 않습니다. 이제는 무슨 뉴스 보냐고 물어봅니다. 기사가 궁금한 게 아니라 핸드폰에서 나오는 것들을 보고 싶은 겁니다. 그러다 제가 책을 집으면 아이들이 거실로 나갑니다. 아이들과 함께할 수 있어서 좋았는데, 아쉬워집니다.

 우리가 핸드폰을 하면서 "그만 자라."라고 말할 때와, 책을 보면서 "그만 자라."라고 이야기할 때 아들들의 반응이 다릅니다. 똑같이 "알았어."라고 말하긴 합니다. 핸드폰을 보면서 말할 때는 투덜대며 방에 들어갑니다. 책을 보면서 자라고 하면 자기도 책 다 못 봤다고 아쉬워하면서 침대에 눕습니다. 아이들은 제 손을 보면서 자라고 있습니다. 아이들 앞에서는 손을 조심해야겠습니다.

2.

## 아이들 말을 듣는 게 말하는 겁니다

아들들이 어렸을 때는 몸으로 노는 것이 대화였습니다. 아이들이 초등학교 고학년이 되니, 달리기나 술래잡기를 하면서 이야기할 수는 없습니다. 아이들과 다양한 주제로 대화하고 싶은데 쉽지 않습니다.

대화(對話)는 "마주 대하여 이야기를 주고받음. 또는 그 이야기."라고 합니다. 아빠와 아들이 얼굴 보고 앉아 있기도 쉽지 않습니다. 아이들과 말하다 보면 자꾸 잔소리만 하게 됩니다. 인사 잘해라, 장난감 치워라. 일찍 자라 등을요. 아이들도 처음에는 잘 듣습니다만, 5분만 지나면 레고나 장난감으로 고개가 돌아갑니다. 어떻게 해야 아들과 오래 대화할 수 있을까요?

심정섭 작가의 《공부보다 공부그릇》에서 어린이용 고전을 읽으면서 아이들과 토론해 보라고 합니다. 고개를 위아래로 격렬하게 끄덕였습니다. 아이들과 함께할 이야기 없이, 제가 하고 싶은 말만 했습니다. 당연히, 아이들은 오래 앉아 있기 어렵습니다. 아이들과 대화하려고 서점에서 《어린이 사서삼경》을 샀습니다.

갑자기 고전을 읽자고 하면 아이들이 도망갈 겁니다. 주말 점심을 기다렸습니다. 밥 먹는 동안은 다른 데를 못 갑니다. 아이들이 좋아하는 음식 앞에서 쉽게 이해할만한 부분을 읽어 주었습니다.

"아버지가 부르면 자식은 바로 와야 한다."라는 당연한 문구를 알려 주고 속으로 뿌듯해했습니다. 아이들이 부모 공경을 이해하여 "응."이라고 말할 줄 알았거든요. 하지만 아이들의 반응은 제 예상과 달랐습니다.

"왜? 아빠는 우리가 부를 때 바로 안 오잖아?" "이상한 선생님도 공경해야 해?"라고 물어봅니다. 머릿속이 하얘집니다. 아이들이 이런 질문을 할 줄은 생각도 못 했습니다. 뭐라고 답할지 몰라서 책을 덮고 숟가락만 조용히 들었습니다. 우리에게는 당연한 내용이었지만, 아이들에게는 아니었습니다.

수학 문제를 풀듯 "외워라."라고 말할 수는 없었습니다. 내용에 대한 배경지식이 있으면 아이들도 쉽게 받아들이리라 생각했습니다. 《인문학으로 보는 명심보감》이란 책을 찾았습니다. 명심보감 한 구절이 나오고 밑에 시대 배경과 작가의 설명이 있습니다. 역사도 알려 줄 수 있고, 우리의 부족한 지식도 보충해 주니 일석이조로군요. 네 권을 주문했습니다. 매주 일요일 저녁 온 가족이 모여서 삼십 분간 두 소절을 읽고 토론하였습니다.

함께할 내용이 있으니 이야기가 꼬리를 물고 이어집니다. 아이들도 할 말이 많았었군요. 이야기하던 중에 떳떳함이 나왔습니다. 아빠는 회사 볼펜을 가져다 쓴 적이 있다고 부끄러운 과거를 고백했습니다. 아내는 종이 아끼려고 회사에서 개인적인 것들을 프린트했다고 합니다. 둘째는 물값을 아끼려고 학교에서 물을 마시고 나온답니다. 마음이 짠해집니다. 큰아들이 마지막으로 큰 한 방을 날립니다.

"난 학교에서 똥 싸고 와."

온 가족이 눈물이 나도록 한참을 웃었습니다. 책을 통하여 서로의 비밀을 알게 되니 가족끼리의 정이 더 깊어집니다.

함께 읽으니 다양한 이야깃거리가 생깁니다.

세상의 이목을 속인다고 해도 하늘과 귀신의 이목은 속일 수 없고, 설령 요행으로 하늘과 귀신의 눈을 피한다고 해도 자기 자신의 마음은 결코 속일 수 없다.

- 명심보감 인문학. 83페이지

아내는 이 글을 읽고 선생님이 하지 말라는 것을 하면 마음이 찜찜했다고 합니다. 아들들에게도 이런 일이 있는지 물어보았습니다. 큰아들은 게임 시간을 넘겨서 할 때 그렇다고 하네요. 엄마가 문 닫아도 괜히 놀라고, 아빠가 쳐다만 봐도 마음이 이상하답니다. 아들이 아무 생각 없이 게임만 하는 줄 알았는데 아니었군요. 자기도 느끼는 게 있군요. 게임 오래 한다고 화내지 말고 말로 잘 설득해 봐야겠습니다.

어린 자식 똥오줌은 꺼리지 않으면서 부모님 눈물과 침은 미워하고 싫어하네.

- 명심보감 인문학. 65페이지

아빠, 엄마 늙어서 침 마구 흘려도 괜찮으냐고 아이들에게 물어보앉습니다. 큰아들이 당연하다는 듯이 자기가 다 닦아준다고 합니다. 책이 아니었으면 못 들어볼 말입니다. 제 가슴이 풍선 커지듯이 부풀어 오릅니다.

    아들들에게 좋은 말 많이 해 주고, 나쁜 행동은 고쳐 줘야 한다고 생각했습니다. 공부 열심히 하고, 좋은 사람 되라고 말했습니다. 게임 중독에 빠질까 봐 어떻게든 못 하게 했습니다. 아들들도 다 생각이 있었는데, 말할 기회를 주지 않았습니다. 우리가 하고 싶은 말만 했었죠. 아들들 마음을 볼 생각은 못 했습니다. 가족이 모여서 책을 읽고 이야기했을 뿐입니다. 서로의 비밀도 알고, 믿음도 늘어납니다. 일주일에 30분이면 충분합니다.

    아이들과 다양한 주제로 이야기하고 싶습니다. 시사, 정치 등 여러 지식도 가르쳐 주고 싶습니다. 제 말만 하려고 하면 큰아들은 "우리는 안드로메다로 떠납니다." 하면서 도망갑니다. 둘째는 손으로 귀를 막습니다. 제가 하고 싶은 말만 하면, 아이들은 듣지 않습니다.
    고전 읽기 시간에 부모에게만 쓸 수 있는 옐로카드를 아이들에게 주었습니다. 우리가 말이 많아지면 카드를 들라고 했습니다. 둘째가 세 번을 내리 사용합니다. 입이 자꾸 실룩대지만 꾹 참았습니다. 아이들 말을 들으면서 우리는 대화하고 있습니다. 듣는 게 말하는 겁니다.

## 3.

## 게임과 협상

아이들 게임 문제로 걱정하지 않는 부모가 얼마나 있을까요? 우리도 게임 때문에 큰아들과 자주 다툽니다. 시간을 통제해 보기도 하고, 게임기를 숨기기도 했습니다. 아들 앞에서 태블릿을 부숴도 보았습니다. 그때만 잠시 안 했을 뿐이고, 다시 게임 해도 되냐고 물어봅니다. 친구들도 다 하는데 혼자만 안 할 수는 없으니까요. 아들에게는 게임이 친구와의 대화 수단이자 놀이였습니다.

한번 시작하면 게임 시간이 끝나도 아들은 바로 멈추지 않습니다. 그만하라고 하면 화낼 때도 있습니다. 지금 안 하면 내일은 할 수 있냐고 물어봅니다. 아들들 원하는 대로 다 시켜 줄 수도 없고, 안 시켜 주면 게임으로 서로 다툽니다. 아내도 큰아들과의 협상에 지치고, 지켜보는 저도 답답합니다. 게임 중독에 대해서도 찾아보고, 상담을 받아야 하나 걱정되더군요. '하루에 정해진 시간만 해라. 게임 시간을 서로 협의하고 해라, 운동이나 보드게임 등 다른 것에 재미를 가지게 하라 등등' 인터넷에 나오는 다양한 방법들도 해 보았습니다. 하지만 별 효과가 없습니다. 시간이 지날수록 아이들이 게임만 하는 모습들만 머릿속에 떠오르며 불안해집니다.

큰아들이 초등학교 6학년 때의 봄이었습니다. 몇 주째 똑같은 주말 풍경입니다. 아침부터 게임 해도 되냐고 물어보는 아들과 할 일 다 하면이라고 말하는 엄마. 눈뜨자마자 큰아들과 엄마가 지루한 협상을 하고 있습니다. 저도 이제는 참을 수가 없더군요. 큰아들에게 짜증을 내며 물어보았습니다.

"아들, 게임에 대해서 원하는 게 뭐야? 말해 봐."
"어차피 말해도 안 들어줄 거면서, 말해도 돼?"
"좋아, 아빠가 다 들어주마."
"나 다섯 시간 게임 시켜 줘."

갑자기 훅 들어온 요구에 저는 당황해서 온몸이 얼어붙었습니다.

아빠는 말해도 안 들어준다는 말을 이해할 수 없었습니다. 저는 아들들 말을 꽤 존중해 주었다고 생각했거든요. 큰아들에게는 아니었나 봅니다. 제가 다 들어준다고 했으니 이제는 돌릴 수 없습니다. 할 일 다 해 놓으면 다음 주 토요일에 다섯 시간 하라고 했습니다. 큰아들은 1주일 동안 불타는 열정으로 숙제 등을 빼놓지 않고 다 합니다. 매일 이랬으면 얼마나 좋았을까요.

아들이 그렇게 기다리던 다음 주 토요일입니다. 아들은 눈뜨자마자 태블릿 배터리를 확인하고, 둘째와 몇 시부터 할지 이야기합니다. 편하게 우리 침대에 둘이 나란히 누워서 게임을 시작합니다. 다섯 시간을 쉬지도 않고 게임기만 붙잡고 있습니다.

옆에서 지켜보는 우리 속은 새까맣게 타들어 갑니다. 중간에 멈추라는 말도, 게임기를 빼앗지도 못합니다. 게임에 중독될까 봐, 다음 주엔 더 시켜 달라고 할까 봐 끝없이 걱정됩니다. 저는 다른 일에 집중을 못 하겠습니다. 괜히 아이들 주변을 맴돌면서 청소와 밀린 빨래만 했습니다. 시간이 빨리 지나갔으면 좋겠습니다.

다섯 시간이 지났습니다. "그만."이라고 말해도 아들이 멈추지 않을까 봐 무섭습니다. 예상치 못한 일이 발생했습니다. 큰아들이 게임기를 알아서 덮습니다. 시간 다 되기 전부터 옆에서 계속 말해 줘야만 했던 큰이가 먼저 게임을 멈췄습니다. 속으로는 불안하지만 편안한 모습으로 충분히 했냐고, 다음 주는 얼마나 할 거냐고 물어봅니다. 큰아들은 잠깐 고민하더니 말합니다.

"게임 원하는 만큼 해서 좋아. 근데 오래 하니 눈이 아파. 다음 주에는 한 시간 반만 할게."

속으로는 환호성을 치지만 담담한 표정으로 알았다고 했습니다. 일주일 내내 다음 주 게임 시간을 어떻게 할까 고민했었습니다. 필요 없었네요.

지금은 토, 일 각각 한 시간 반만 합니다. 10분 정도 더 해도 이제는 걱정되지 않습니다. 다섯 시간을 하다 멈추었던 아들입니다. 기다리면 멈출 겁니다. 평일에도 게임 시켜 달라는 말을 안 합니다. 〈우리 아이가 달라졌어요〉에 나가도 되겠다고 아내와 웃으면서 말했습니다.

이렇게 간단한 걸 왜 아들은 게임을 멈추지 않았을까요? 큰아들이 게임 하는 이유를 생각해 보았습니다. 주변과의 소통, 노력에 대한 보상, 자기만의 자유를 찾기 위해 아들은 게임을 했습니다. 게임을 통해 친구와 이야기했고, 레벨이 올라갈 때마다 받는 아이템으로 노력에 대한 보상을 받았습니다. 게임에서만은 자기 원하는 대로 할 수 있기에, 답답한 현실을 피하려고 게임을 했습니다. 아들의 이런 이유도 모르고 무조건 통제하려고 했으니 아들이 자꾸 반항했었습니다. 이제 이유를 알았으니 해결책을 찾아 줘야죠.

평일이라도 친구들과 하는 게임은 허락해 주었습니다. 대신 주말 게임 시간에서 줄였습니다. 잔소리를 줄이고 진심이 가득 담긴 칭찬도 해 주었습니다. 우리는 결과물에 대해서만 잘했다고 말했습니다. 큰아들이 매일 꾸준히 하는 노력에 대하여 어떤 칭찬을 해 줬는지는 기억이 나지 않습니다. 이제는 하루하루 잘 커서 고맙다고 등을 토닥여 주고 머리도 쓰다듬어 주면서 말합니다. 큰아들은 말없이 씩 웃기만 합니다.

큰아들에게 일주일 계획을 직접 짜면서 공부량을 조절하라고 했습니다. 큰아들의 시간표를 옆에서 보면 손이 부르르 떨립니다. 구멍이 뻥뻥 뚫려 있거든요. 빈칸을 채워주고 싶었지만, 큰아들의 의견을 존중해야 합니다. 억지로 공부시킨다 한들 게임만 더 할 겁니다.

그때 이후 6개월이 지났습니다. 게임으로 엄마와 다투기도 하지만,

온종일 게임 시간을 협상하지는 않습니다. 한번 조절해 봤던 게임입니다. 잠깐의 잔소리와 기다림이면 충분합니다. 이제는 눈뜨자마자 게임 시켜달라고 하지도 않고, 우리도 큰아들 옆에서 부리부리한 눈으로 아들을 지켜보지 않습니다. 아들이 게임만 하면 우리 속은 용광로처럼 부글부글 끓어 올라왔지만, 지금은 온기가 살짝 남아 있는 뚝배기 정도입니다. 좀 더 기다리면 이 뚝배기도 차가워질 날이 올 겁니다.

4.

## 아빠의 일기를 훔쳐보는 아들

　아들들에게 다정한 말보다 감정이 앞설 때가 있습니다. 순간의 분노로 제 생각과 다른 말이 툭툭 튀어 나갑니다. 아빠의 그러한 말에 아들들은 상처를 받고 화내기도 합니다. 이야기할 시간이 없어서 아이들에게 하고 싶은 말을 다 못 할 때도 있습니다. 어떻게 해야 제 마음을 정확하게 전달할 수 있을까요? 편지를 써 보았습니다. 아이들을 앉혀 놓고 말하는 게 더 빠르지만, 제가 자꾸 화를 냅니다. 하지만 한 글자씩 적어 가면 아이들에게 할 말이 차분하게 정리됩니다. 감정과 함께 나가는 말 대신 제 마음을 차분하게 글로 보여 주었습니다.

　초등 6학년인 큰아들이 엄마와 공부를 하던 중 "난 수학이 싫어."

라고 짜증을 내며 말했습니다. 아내는 순간 당황하여 입을 벌린 채 멍하니 있었고, 저는 공부 정서가 나빠져 가는 아들이 걱정됩니다. 이런 감정은 쉽게 분노로 바뀝니다. 아들과 말하다 보면 싸우게 될 겁니다. 아들은 자리를 박차고 방에 들어가 버렸고, 아내 역시 등을 동그랗게 말은 채 이불을 뒤집어쓰고 새우처럼 침대에 누워 버렸습니다.

다음날 출근하려니 아내도 아들도 걱정됩니다. 뭐라도 해 줘야 할 것 같아서 큰아들에게 편지를 썼습니다.

'큰아들의 앞모습'이라는 제목으로 노트에다 제 마음을 적어 놓았습니다. 조용한 새벽에 차분하게 글을 쓰니 제 본마음을 바로 볼 수 있었습니다. '아들, 항상 사랑하고 네가 원하는 일을 하면서 살아라. 대신 참고 견뎌야 할 일도 있다는 말이 공부하라고 표현되는 초보 아빠, 엄마라서 미안하다.'라고 써 놨습니다. 큰아들이 잘 보이라고 거실 책상 위에 두고 출근했습니다. 그날 저녁 집에 오니 큰아들은 엄마와 나란히 붙어서 수학 공부를 하고 있습니다. 아내는 큰아들이 제 편지를 아침에 읽었다고 합니다. 아빠의 글이 아들의 마음에 잘 전달되었으면 합니다.

인도의 유명한 정치인인 네루는 딸에게 200통의 편지를 썼답니다. 저도 아이들과 글로 대화하면 어떨까라는 생각이 들었습니다. 제 감정을 추스르지 못할 때가 많았으니까요.

아들들에게 쓰는 글은 연애편지 같습니다. 뭐라고 말해야 할지도 모르겠고, 어떻게 생각할지 궁금해져 썼다 지우기를 반복합니다. 그래도 하고 싶은 말을 하나씩 적어 내려갑니다. 다 쓴 글을 설렘과 함께 봉투에 넣었습니다. 아들들이 바로 찾을 수 있도록 거실 앞 책장 앞에 놓아두었습니다. 편지를 언제 가져갈지 조마조마하고, 빨리 봤으면 합니다. 괜히 책장 앞에서 서성거리기도 하고, 편지가 없어졌나 거실에서 고개를 쏙 빼놓고 지켜보기도 했습니다. 하루가 지났지만 그대로입니다. 괜히 심통이 나서 가만히 있는 아들 볼을 꼬집어 봅니다.

이틀이 지났습니다. 봉투 그대로 놓여 있습니다. 못 참겠더군요. 무심한 아들들에게 아빠가 편지 써 났다고 말했습니다. 다음 날 아침이 되니 드디어 없어졌습니다. 제 마음을 받아준 것 같아서 입꼬리가 살짝 올라갑니다. 하지만 편지 읽었냐고 물어볼 수가 없습니다. 부끄러우니까요. 역시 아들들에게 보낸 글들은 연애편지 같습니다. 답장이 없습니다.

한 번 쓰고 포기하면 연애편지가 아닙니다. 일주일에 한 통씩 큰아들, 작은아들에게 돌아가며 썼습니다. 큰아들은 제 편지를 책장 구석에 모아둡니다. 아빠와 아들만의 비밀이었을까요? 엄마한테도 내용을 말하지 않더군요. 제가 물어봐도 다 읽었다고만 말합니다. 솔직한 둘째는 제 편지를 보자마자 "글씨가 이상해."라면서 거실에 휙 버려두고 방에 들어갑니다. 머리라도 한 대 쥐어박고 싶습니다. 다시 주워서 둘째 책상 위에 놓았습니다. 다음 날도 제가 둔 그대로 있습니다. 언젠가 읽어 주리라 생각하면서 플라스틱 바인더 안에 넣어서 책장에 꽂아두었습니다.

말하면 잔소리가 될 것 같아서, 책에 있는 내용을 적어도 주었습니다. 저도 큰아들도 예기 불안이 있습니다. 아직 발생하지 않은 일들에 대해서 미리 걱정하지만 그런 일들은 거의 생기지 않습니다. 배려심이 많은 아들은 혹시나 자신으로 인해서 친구들이 기분 나빠할까 봐 가슴을 졸이고는 합니다. 걱정을 사서 합니다. 2021년 5월 15일에, 큰아들에게 보도 쉐퍼의 《멘탈의 연금술》에 있는 두려움의 용에 대해 적어줬습니다. 생기지도 않을 일을 미리 걱정해서 두려움이라는 용을 미리 만들지 말라고요.

편지는 써 줬지만 한 달 동안 답장이 없습니다. 하지만 내용은 본 것 같습니다. 아들들의 행동이 조금씩 바뀝니다. 흐뭇해집니다. 말로 하면 잔소리였을 내용을 글로 쓰니 효과가 있군요. 손편지를 계속 쓰려고 했지만, 시간이 너무 걸립니다. 답장도 없으니 제가 무슨 말을 했는지 기억이 안 납니다. 편지도 자주 쓰면 잔소리가 될 것 같습니다. 아들들에게 하고 싶은 말들을 모아서 블로그에 적기 시작했습니다. 나중에 시간 될 때 아빠가 느낀 점을 말해 주려고요. 그런데 아들들이 제 블로그를 봅니다. 다시 말할 필요가 없어졌습니다. 아들들이 블로그에 써 놓은 대로 했으면 좋겠지만 욕심일 겁니다. 제 마음이라도 알아주면 다행입니다.

   글을 쓰니 좋은 점들이 있습니다. 아들들이 줬던 기쁨들이 생각납니다. 처음 밥 먹던 날, 책 읽던 날, 비행기 본다고 눈으로 망원경을 만들던 날들. 글을 쓸수록 큰소리가 줄어들고, 아들들 얼굴만 봐도 미소가 자동으로 지어집니다.

   짝사랑이어도 상대방만 생각나기에 연애편지를 씁니다. 저도 아들들만 바라보고 있기에 블로그에 편지를 계속 보내고 있습니다. 답장은 없지만 괜찮습니다. 아이들과 지냈던 예전의 기억으로 충분한 보답을 받았습니다. 그리고 언젠가는 아들들이 제 마음을 알아줄 겁니다.

5.

## 나에게 가장 도움을 준 사람은?

둘째 침대 위에는 공룡 인형들이 늘 놓여 있습니다. 티라노사우루스, 트리케라톱스, 점박이, 둘째가 제일 아끼는 옷처럼 입는 공룡 인형이 있습니다. 둘째가 초등학교 3학년이 되었을 때 친구 동생에게 이 인형들을 주려고 했지만, 둘째는 절대 안 된다고 합니다. 지저분해 보여서 옷장 안에 인형들을 넣어두기도 했습니다. 다음날이면 다시 침대에 나와 있습니다. 침대가 좁아도 공룡 인형들과 늘 함께 잡니다. 우리가 모르는 둘째만의 의미가 이 인형들에게 있나 봅니다.

둘째가 초등학교 2학년 때였습니다. '나에게 가장 도움을 준 사람은 누구인가?'를 적는 숙제가 있었습니다. 우리는 당연히 아빠나 엄마로 썼을 줄 알았습니다. 하지만 저희 예상과는 다르게 '공룡 인형'을 당당하게 적었답니다. 밤에 무서울 때 자기를 옆에서 인형들이 지켜 주어서 고마웠답니다. 부모와 아이 생각은 이렇게 다르군요.

틈만 나면 아빠, 엄마를 부르는 아들입니다. 둘째가 어려워하는 일이라면 우리도 열심히 도와주었습니다. 가고 싶은 곳을 말하면 함께 가 주었습니다. 원하는 책이 있으면 사 주기도 하고요. 반찬에 싫어하는 버섯이 섞여 있으면 젓가락으로 골라 주고는 했습니다. 당연히 우리가 가장 도움을 주는 사람들일 줄 알았죠. 그러나 둘째가 원하는 진짜 어려움은 몰랐습니다.

큰아들은 잘 때 인형을 찾지 않습니다. 근데 둘째는 왜 공룡 인형이 필요했을까요? 각 방에서 자기 시작하면서 외로웠나 봅니다. 아이들이 자러 들어가면 우리는 애들 방문을 닫습니다만, 둘째는 항상 열어 달라고 합니다. 방 건너에 있는 형하고 계속 이야기하다 자는 게 좋답니다. 종일 둘이서 놀았는데도 어떤 할 말이 남아 그렇게도 이야기하고 싶을까요? 형의 한마디에 둘째가 침대에서 킥킥대며 웃고 동생의 리액션에 형은 더 신나서 말합니다. 한 시간 내내 이야기가 끊이지 않아서 제가 자라고 소리치기도 했죠. 늦은 밤까지 함께 있던 형마저 잠이 들면 집안이 조용해집니다. 이제 둘째 옆에는 공룡 인형만이 남아 있습니다. 아침까지 둘째 옆에 있어 주는 사람은 오직 그들뿐입니다.

둘째는 밤이 무섭답니다. 우리와 함께 있다가 자기 방에 잠자러 가면 거실과 방의 불을 꺼달라고 합니다. 오히려 우리는 둘째에게 우리 방 불도 끄면서 가라고 했습니다. 무섭다면서 아빠, 엄마에게 간절한 눈빛을 보냅니다. 안방에서 둘째 방까지 다섯 발자국도 안 됩니다. 사내아이고 다 자랐는데 뭐가 무섭냐고 어서 불 끄고 가라고 했습니다. 전등 스위치 앞에서 발을 동동 구르면서 계속 망설입니다. 마지막 용기를 내어서 스위치를 끄고는 자기 방으로 후다닥 뛰어 들어갑니다. 아내와 저는 그런 둘째를 이해 못 했죠. 아빠, 엄마도 옆방에 있고, 형도 앞에 있는데 밤을 왜 무서워하나 싶었습니다. 어둠 속에서 혼자 있는 게 싫답니다. 불 꺼진 자기 방에 누워 옆을 보면 공룡 인형만 보입니다. 어두운 밤에 둘째를 지켜 준 것은 그들입니다.

제가 초등학교에 다닐 때는 집 주변에 함께 놀 친구가 별로 없었습니다. 중학생이 된 형은 친구들과 놀러 가고 없습니다. 부엌에만 있는 어머니와 누워만 계셨던 할머니만 집에 있습니다. 심심합니다. 방에 가서 제 인형 친구들을 꺼내 놓았습니다. 인형들을 작은 요로 덮어

주고 노래도 불러주었습니다. 초등학교 6학년 때까지 친구와 다름없는 인형들을 가지고 놀았습니다. 다 큰 남자아이가 인형과 함께 있으니 어머니는 답답해하셨을 겁니다. 그래도 아무 말도 하지 않으셨습니다. 인형 덕분에 저만의 외로움을 이겨낼 수 있었습니다. 인형과 노는 데에는 나이나 성별은 중요하지 않습니다. 어릴 때의 제 인형들처럼 공룡 인형이 둘째의 무서움을 없애 주었나 봅니다.

   우리가 둘째 옆에 늘 있어 주지 못합니다. 둘째는 혼자 있는 밤에 익숙해져야 합니다. 저녁에 학원에서 올 때면 엘리베이터 앞으로 나와 달라고 엄마한테 전화합니다. 불 꺼진 아파트 복도를 건너오는 게 무섭답니다. 엄마가 못 나갈 때면, 뛰어서 집으로 들어오고는 합니다.

   이처럼 혼자 해야 할 일들이 둘째 앞에 줄줄이 놓여 있습니다. 친구들과 싸우기도 할 거고, 학교가 힘들 수도 있습니다. 이런 일들을 저희가 대신해 줄 수 없습니다. 어려운 일들은 다 우리가 해 주고 아이들이 꽃길만 갔으면 합니다. 하지만 그러지 않을 겁니다. 힘든 일도 생기겠죠. 둘째가 마음 상하는 일이 있더라도 잘 이겨냈으면 합니다. 그만큼, 우리 대신 어려움을 옆에서 도와주는 공룡 인형이 고마워집니다.

둘째 옆에는 여전히 공룡 인형들이 놓여 있습니다. 민이는 베개 대신 트리케라톱스를 베고 자기도 합니다. 인형들 때문에 침대가 좁아서 자기는 옆에서 쭈그리고 잡니다. 그런 공룡 인형들을 버리려고 했으니, 큰일 날 뻔했군요.

주말에 둘째의 공룡 인형을 깨끗하게 빨고, 뽀송뽀송하게 말려 놓았습니다. 깔끔해진 공룡을 둘째 침대 위에 잘 펴서 놓아둡니다. 우리가 둘째의 무서움마저 쫓아버릴 수는 없습니다. 공룡 인형들이 도와줄 겁니다. 제가 해 줄 수 있는 일은 침대 구석에 박혀서 안 보이는 공룡들을 찾아 주는 겁니다. 자다가 불편해할지도 모르니 차곡차곡 쌓아 주기도 하고요. 나머지는 둘째와 공룡들이 잘할 거라 믿을 뿐입니다. 베개 옆에 놓여 있는 공룡 인형들이 오늘따라 더 큼직해 보입니다.

6.

## 아빠는 요리사

아이들이 커 갈수록 아내는 바빠집니다. 큰애가 초등학교 4학년, 작은애는 1학년 때입니다. 아내는 아이들 학교와 학원을 데려다주고, 밥 챙겨 주고, 숙제 봐주는 등 눈코 뜰 새가 없습니다. 아이들은 먹어도 먹어도 배고프다고 합니다. 고마우신 새벽 배송 기사님들이 꼬박꼬박 먹을거리를 배달하여 주십니다. 아내는 세끼 모두 직접 해 주고 싶어 하지만, 간편식으로 밥을 때울 때도 많습니다. 아내는 미안해하면서도 어쩔 수 없다고 합니다. 제가 빨래는 도와주고 있었지만 안 되겠습니다. 아내를 도와주기 위해서 제가 요리를 시작했습니다.

회사 쉬는 날에 아내와 함께 아이들을 챙겨 보았습니다. 아내는 아침 일곱 시 반에 손뼉을 치면서 아이들을 깨웁니다. 부스스한 아이들을 급하게 준비시킵니다. 둘째가 어려서 혼자 보낼 수는 없기에 아이들과 학교에 갔다가 부리나케 집으로 다시 옵니다. 아이들 점심과 저녁을 준비하고 집안일을 후다닥 해 놓습니다. 12년 차 주부의 실력이 나옵니다.

11시가 넘어서야 커피 한 잔 마시고 잠시 쉽니다. 조금 있다 둘째를 데리러 학교에 다시 가야만 합니다. 밖에 나간 지 얼마 되지도 않았는데 둘째와 웃으면서 집에 옵니다. 민이와 점심 먹으면서 학교에서 있었던 일을 이야기하고 있으면 첫째가 문을 열고 들어옵니다.

큰아들 간식을 챙겨주고 아내는 밀린 설거지를 합니다. 동네 엄마한테서 전화가 옵니다. 놀이터에 있으니 아이들 데리고 나오랍니다. 노는 것도 중요한 초등학생입니다. 부랴부랴 아이들 데리고 놀이터로 나갑니다. 두 시쯤 나간 아내는 아이들과 세 시 반에 돌아옵니다. 이제 학원 갈 시간이거든요. 아내는 아들들을 데리고 동네 학원 순회를 합니다. 집에 오자마자 저녁을 준비합니다. 아이들 좋아하는 고기도 굽고 국도 끓입니다. 쉬려고 잠시 소파에 앉아 있으면 아이들이 배고프다는 말과 함께 집으로 옵니다. 밥 먹고, 숙제 봐주고, 책 읽어 주고 모아 놨던 잔소리를 하다가 밤 11시가 되어서야 아내는 침대에 눕습니다. 핸드폰으로 다음날 먹을 음식을 새벽 배송으로 주문합니다. 엄마는 퇴근 시간이 없다는 말이 이해되더군요. 아내의 하루를 보니 회사에 가고 싶어집니다. 제가 신입일 때 부장님들이 왜 퇴근 후 술 먹자 했는지 이제야 알 것 같습니다.

주말이라고 아내가 편하게 누워 있지 못 합니다. 밀린 집안일도 해야 하고, 다음 주 공부도 미리 챙겨놔야 합니다. 아내가 바빠질수록 목소리도 점점 커집니다. 아내의 잔소리에는 다 이유가 있었습니다. 엄마의 큰소리가 없으면 남자 셋은 온종일 집에서 굴러만 다닙니다.

이런 아내에게 쉬는 시간을 주어야 합니다. 주말에는 제가 밥을 한다고 했습니다. 유튜브를 보니 요리가 쉬워 보이더군요. 금방 할 수 있겠습니다. 만개의 레시피, 아내의 식탁을 보면서 밥을 했습니다. 주말에 다섯 끼까지 해 봤습니다. 요리는 쉽지만, 식자재 준비와 주변 정리가 어렵습니다. 양파 썰고, 양념하고, 프라이팬 데우는 등 준비하는 것이 더 힘듭니다. 8시에 아침을, 10시면 점심을, 3시에는 저녁을 준비해야 밥시간에 맞춰 먹을 수 있습니다. 좀만 늦으면 아이들은 빈틈을 노려 게임 시켜 달라고 합니다. 밥을 제때제때 먹여야 합니다. 돌아서면 밥이라는 말뜻이 뭔지 알겠더군요.

매끼 요리를 하게 되니 뭘 해야 할지 모르겠습니다. 그때 구세주인 백종원 선생님이 나타나셨습니다. 백종원 유튜브는 요리를 준비하기도 쉽습니다. 음식들도 다양하고 동영상도 재밌습니다. 밥하는 게 점점 좋아집니다. 닭 다리 스테이크, 꽈리고추 삼겹살, 중화제육면 등을 하라는 대로 만들어 보았습니다. 아빠의 정성이 담긴 요리 덕분에 온 가족의 살찌는 소리가 들립니다.

오늘은 제가 좋아하는 돼지 등갈비찜을 했습니다. 등갈비찜은 시간이 오래 걸릴 뿐 어렵지 않습니다. 세 시간 동안 푹 조린 등갈비찜을 저녁 식탁에 올려놓았습니다. 아이들 앞에는 고기가 많은 부분을 퍼 줍니다. 큰아들은 손에 비닐장갑을 끼고 고기를 뜯습니다. 둘째에게는 고기를 잘게 잘라서 밥 위에 올려줍니다. 우리는 고기를 천천히 먹습니다. 역시, 큰아들은 고기 더 없냐고 물어봅니다. 우리 쪽 접시에 있는 고기를 덜어줍니다. 나이가 들어갈수록 야채를 많이 먹어야 합니다. 우리는 등갈비찜 국물이 잘 밴 당근과 감자를 먹습니다. 아이들 입맛에 맞추었기에 요리가 달짝지근합니다. 김치와 함께 국물에 밥을 비벼 먹으면 큼지막한 고기가 하나도 그립지 않습니다.

고기는 진리입니다. 큰아들이 또 해 달라고 합니다. 둘째는 아빠가 해 준 계란볶음밥이 먹고 싶다고 합니다. 저는 굴소스도 팍팍 넣고, 밥알에 기름 코팅도 꼼꼼히 합니다. 풍미가 넘치는 꼬들꼬들한 볶음밥을 민이가 좋아하거든요. 제가 요리하는 동안 침대에 등을 붙일 수 있었던 아내는 밥을 먹으며 아이들과 다정하게 이야기합니다. 이제야 집안이 평안해집니다. 아내 마음이 편해야 집안이 화목해집니다.

    제가 요리를 하면 온 가족이 모이게 됩니다. 맛 평가부터 시작해서 다양한 이야기를 하게 됩니다. 학교는 어땠는지, 친구들과 어떻게 노는지, 누구와 친한지 알게 됩니다. 사소한 일상도 공유합니다. 아이들 놀 때 물어보면 대충 답해줍니다만, 좋아하는 음식 앞에서는 이야기가 술술 이어집니다. 때로는 아이들이 힘들어하거나 몰랐던 일들도 알게 됩니다. 가족들의 밀린 대화는 또 다른 반찬이 됩니다.

    어느 날 제가 한 볶음밥을 오물오물 먹는 둘째를 눈에서 꿀이 떨어지도록 보고 있었습니다. 둘째가 물어봅니다.

"아빠는 우리가 밥 먹는 것만 봐도 배불러?"
"응, 진짜!"

    거짓말이죠. 아이들 먹는 거 본다고 제 배가 부르지 않습니다. 마음이 부릅니다. 아이들도 자기 자식 키워 보면 어떤 기분인지 알 겁니다.

7.

## 느릿느릿 큰아들

큰아들을 데리러 학원에 갔습니다. 데스크 앞 CCTV를 쳐다봅니다. 아이들 뒷모습만 보이지만 제 아들은 바로 찾을 수 있습니다. 강의실 중간 오른쪽 자리에 앉아 있군요. 책가방을 싸고 있습니다. 근이는 언제나 제일 마지막에 교실에서 나옵니다. 밤 9시까지 공부하고 나오는 모습에 마음 한구석이 무거워집니다.

조금 전에 큰아들 옆에 있던 같은 반 여자아이가 어느새 제 앞에 서 있습니다. CCTV에서 가방을 싸고 있는 큰아들을 보며 "쟤 또 늦게 나온다."라고 말합니다. 어렸을 때는 빠릿빠릿했는데 언제 이렇게 느려졌나요?

큰아들이 영국에 있을 때는 날씬했었습니다. 놀이터에서는 우리가 따라다니지 못할 정도로 빨랐고, 집에서도 항상 분주히 움직이던 아이였습니다. 그런데 요즘은 제 속이 답답해서 터질 때가 많습니다. 주말 아침에 일찍 놀러 가야 하니 옷을 빨리 입으라고 했습니다. 나갈 시간이 되었는데도 다리 한쪽만 바지에 집어 놓고 침대에 누워 있습니다. 왜 그럴까요? 우리가 재촉하는데도 "나 옷 입고 있어!"라면서 침대에 붙어 있습니다.

다음 주가 시험인데도 책상에 앉기까지 오래 걸립니다. 문제집을 펴기까지의 준비 시간도 깁니다. 노트 찾고, 지우개를 확인하는 등 주변 정리를 해야 합니다. 갑자기 집안일도 궁금해합니다. 옆에 있는 아내는 두 손을 꼭 쥐면서 입술만 잘근잘근 씹고 있습니다. 엄마가 다그치면 입을 쑥 내밀고 더 천천히 움직입니다. 저는 큰아들이 살이 쪄서 그런 줄 알았습니다. '행동이 느린 아이들'이란 키워드로 영상도 찾아보았지만, 큰아들이 왜 그런지 잘 모르겠습니다.

살을 빼려고 농구와 줄넘기를 시켰습니다. 운동하고 오면 기분이 좋아 보입니다. 학원에서 보내준 영상을 봐도 열심히 뛰고 있습니다. 운동이 필요했나 봅니다. 겉모습만 보고 큰아들에게 맞는 답을 찾은 줄 알았죠.

2021년 봄에 '서울시아빠단'에 참여할 기회가 있었습니다. 청소년기 자녀를 둔 '아버지'를 대상으로 교육, 상담, 체험 등을 통해 자녀와의 관계를 회복하는 행사입니다. 부모와 아들의 기질에 대해 상담도 받았습니다. 담당 선생님이 큰아들은 호기심과 조심성이 많답니다. 나쁜 일이 발생할 것을 미리 걱정하는 예기 불안도 있답니다. 궁금한 게 많아서 하고 싶은 일은 많은데, 불안해서 선뜻 새로운 일을 못 할 수도 있는 아이랍니다. 대신, 무언가를 시작할 때 부모가 옆에서 살짝 도와주면 바로 움직인다고 합니다. 무릎을 쳐 가면서 열심히 들었습니다.

큰아들은 길을 가더라도 바로 가지 않습니다. 주변을 두리번거리며 벽도 만져 보고, 땅에 있는 풀과 돌도 건드려 봅니다. 그러다 보니 우리가 먼저 가고 있어도 큰아들은 뒤에서 천천히 따라옵니다. 파란불을 기다릴 때도 보도블록 바로 앞에 서 있지 않습니다. 몇 걸음 뒤에 서서 신호등이 바뀐 후 좌우를 살피고 천천히 지나갑니다.

호기심이 많아서 길을 가면서도 주변을 이리저리 만져 봐야만 했던 겁니다. 조심스러운 성격에 차도에서 뒤로 몇 발자국 떨어져 있었고요, 우리는 그것도 모르고 빨리 오라고 다그쳤고, 아들을 횡단보도 바로 앞에 서 있으라고 했습니다. 신호 바뀌면 금방 가야 하니까요.

큰아들이 옷을 반만 입고 침대에 누워 있거나, 공부하기 전에 주변을 정리하는 이유를 이제야 조금 알 것 같습니다. 가기 싫은 곳을 가야 하고, 힘든 공부를 해야 하니 예기 불안 증상으로 이런저런 걱정 중이었습니다. 우리는 그저 빨리하라고만 말했습니다. 큰아들은 '조금만 기다려 줘, 나도 다 하고 있어.', '바로 시작하는 게 힘들어. 도와줘.'라고 말하고 있었습니다.

운동을 기분 좋게 한 이유는 옆에 선생님과 친구들이 있었기 때문입니다. 함께 시작할 사람들이 있어서 그랬나 봅니다. 큰아들 마음은 알지 못한 채, 아들의 겉모습만 보고 있었습니다. 큰아들과 대화하는 방법을 바꿨습니다.

이제는 다그치지 않고 기다려 줍니다. 큰아들에게 질문하면 바로 답이 안 나올 때가 있습니다. 성격 급한 우리는 대답을 기다려 주지 않고 다른 말로 넘어갔죠. 지금은 큰아들에게 질문하고 "큰아들 생각 중이다."라면서 기다려 줍니다. 큰아들은 입을 다물고 고개를 두어 번 돌립니다. 그리고 자기의 생각을 말합니다. 종종 우리를 놀라게 하는 답을 할 때도 있습니다. 조금만 기다려 주면 되었습니다. 등산 가자고 할 때도 제가 큰아들 바지 한 번 올려주면 됩니다. 처음에 살짝 도와주기만 하면 바로 움직입니다. 어렵지 않습니다.

하루는 거실 책상 위에 펼쳐진 큰아들의 '생각 글쓰기' 숙제를 보았습니다. 우리가 밥을 먹으면서 기다려줬던 일이 적혀있습니다.

"가족은 소중하다. 내가 몰랐던 것들을 알아주고 기다려 준다. 내가 처음 시작이 느려도 생각하는 중이라고 가족은 다 알아준다."

아침에 읽고 또 읽다가 회사에 늦을 뻔했습니다.

8.

## 좋은 아빠가 되기 위해 책을 봅니다

　아들들과 잘 놀아 주고, 고민도 함께하는 친구 같은 아빠가 되고 싶었습니다. 어렸을 때야 놀이터에서 같이 뛰어주고 레고도 함께 만들면서 아이들과 잘 지낼 수 있었습니다. 아이들이 원하는 게 눈에 보이던 때였으니까요. 큰아들이 벌써 초등학교 고학년이 되었습니다. 저와의 술래잡기보다 친구들과 하는 지옥 탈출과 핸드폰 게임을 더 좋아합니다. 아들들과 함께하려고 옛날 오락실 게임들이 들어 있는 게임기를 샀습니다. 스트리트파이터, 테트리스, 보글보글을 함께했지만, 결국은 아내와 저만 테트리스를 하고 있었습니다. 아들들도 바빠집니다. 학원도 가야 하고, 엄마와 숙제도 해야 합니다. 공부 시간이 늘어나는 만큼 아이들과 함께할 시간이 줄어듭니다.

저만의 시간이 늘어나니 새로운 친구를 만들었습니다. 넷플릭스와 유튜브입니다. 집에 오면 방에서 킥킥대며 핸드폰을 보고 있었습니다. 아들들도 아빠의 새로운 친구들이 궁금하답니다. 아빠 친구는 바쁘다면서 핸드폰을 닫습니다. 아이들과 함께할 일이 더 없어집니다.

밥 먹거나 차를 타고 갈 때처럼 우리끼리 있는 시간에는 밀린 이야기를 합니다. 아이들에게 도움이 되라고 공자님 같은 말들을 했습니다. 집에서는 아이들에게 방 정리해라, 일찍 자라는 등의 잔소리를 합니다. 이럴 때는 아빠를 반겨 주던 애들 얼굴이 아닙니다. 잘 웃어 주지도 않습니다. 아이들 걱정되어서 하는 말인데, 아이들이 잘 듣지 않습니다. 화도 나고 답답합니다.

아빠로서 알아야 할 것들을 말해 주는데 점점 아이들과 멀어집니다. 좋은 아빠는 어떻게 되는지 다시 생각해 보았습니다. 아이들 교육비가 우선입니다. 부동산으로 월세 받는 법, 경매, 주식 등을 유튜브에서 찾아보았습니다. 동영상만으로는 잘 이해가 안 됩니다. 학생 때처럼 밑줄 긋고, 노트에 이것저것 적어야만 합니다. 책을 사서 정리하기 시작했습니다. 이상합니다. 책을 볼수록 재테크보다 자꾸만 다른 주제에 더 관심이 쏠립니다. '공부법'입니다. 자기 주도 학습만 잘해도 학원비를 줄일 수 있습니다. 아이들이 공부까지 잘하면 일석이조죠.

자식을 명문대에 보낸 엄마들이 쓴 책들을 책상에 쌓아 두고 읽었습니다.

그러다 우연히 심정섭 작가의 《공부보다 공부그릇》을 읽었습니다. 제목만 보고 공부량을 늘리는 방법을 알려 주는 줄 알았죠. 책을 본 후 망치에 머리를 맞은 것 같이 한동안 멍하니 있었습니다. 우리가 알고 있던 공부는 문제집 잘 푸는 인지 학습이었습니다. 작가는 공부를 위해 몸, 머리, 마음의 중요성을 강조합니다. 공부에 마음이 중요하다는 것을 처음 알았습니다. 공부는 엉덩이 힘으로만 하는 줄 알았거든요. 적당한 운동과 부모와 집에서 보내는 시간이 중요하다는 작가의 말에 고개가 끄덕여집니다. 아이들과 대화하면서 비판적 사고력도 길러줘야 한답니다. 학원 열심히 보내고 늦게까지 숙제하는 것만이 아이들 공부의 전부가 아니었네요.

책에서 말한 하브루타 대화법을 이용해 보았습니다. 아이들과의 대화가 늘어납니다. "숙제해라."라는 명령보다 아이들의 질문에 "왜?"라고 다시 물어보았습니다. 처음에는 아이들이 대답을 잘 못 하고 당황해합니다. 질문에 익숙하지 않으니까요. 아빠가 계속 들어주니 아이들의 말이 점점 길어집니다. 우리가 원했던 답이 아니면 이유를 물어봅니다. 아이들도 다 자기만의 생각이 있더군요. 마냥 어린애 같아서 우리가 가르쳐줘야 한다고만 생각했는데 아이들의 생각과 마음이 우리도 모르게 쑥쑥 자라고 있었습니다.

좋은 아빠가 된 것 같습니다. 역시 책을 읽어야 하는군요. 임작가의 《완전학습 바이블》을 보았습니다. 제목이 너무 좋습니다. 학원 안 보내도 아이들이 공부를 잘할 것 같습니다. 책에서 '공부 정서'라는 용어를 처음 알았습니다.

> "'공부 정서'란 공부에 관한 정서적 경험의 반복으로 인해 쌓인, 공부를 떠올릴 때 느껴지는 고착적 정서 상태를 말합니다. 많은 부모들을 살펴보면 아이들 공부시키는 것에만 집중한 나머지 공부 정서가 나빠지는 것에는 신경을 쓰지 못하는 경우가 많습니다. 사실 공부에서 가장 중요한 것은 공부 정서인데 말이죠."
>
> – 완전학습 바이블 34페이지

우리 아이들의 모습이 갑자기 눈앞에 떠오릅니다. 문제집에 낙서하고, 공부를 왜 해야 하냐고 엄마와 싸우는 모습들이 생각납니다. 아이들 공부 정서가 나빠지고 있었습니다. 아이들의 마음이 조금씩 보이는 듯합니다.

최승필 작가의 《공부머리 독서법》, 김태훈 작가의 《서울대 수석은 이렇게 공부합니다》 등 여러 책을 읽었습니다. 아이들이 스스로 깨달아 가는 과정이 공부라는 것을 알게 되었습니다. 옆에서 하라고 해도 아이들이 그렇게 책상에 앉아 있기 힘든 이유가 있었군요. 자기 힘으로 알아가는 과정이 없기 때문이었습니다.

잘 놀아 주고 도움 되는 말을 많이 해 주면 좋은 아빠가 되는 줄 알았습니다. 유튜브를 보면서 유명한 사람들의 말들을 복사기처럼 아이들에게 옮기고 있었습니다. 이런다고 좋은 아빠가 되지 않습니다. 아이들도 공부하듯이 저도 책을 보면서 배워야만 했습니다. 다양한 책을 보면서 어떤 아빠가 되어야 할지 깨달아 가고 있습니다. 오늘도 공부하기 위해 책장 앞을 서성거립니다.

9.

## 아빠와 아들만의 여행

    같은 부모 밑에서 함께 컸어도 아이들은 좋아하는 게 다릅니다. 큰아들은 로봇, 둘째는 공룡에 관심이 많습니다. 형이 로봇 박물관에 가자고 하면, 둘째는 고개를 좌우로 흔듭니다. 둘째가 좋아하는 자연사 박물관을 자주 갔더니, 이제는 큰아들 입이 쭉쭉 늘어납니다. 이런 형 눈치를 보며 속마음을 감추는 둘째가 안쓰러울 때가 있습니다. 민이 기분을 달래줄 겸 둘만 여행을 가면 어떨까 생각했었습니다.

    둘째 덕분에 안면도 쥬라기 박물관, 서대문 자연사 박물관, 해남 공룡 박물관 등 전국의 공룡과 관련된 박물관 등을 모두 다니고 있습니다. 우리나라에 공룡 화석들이 있는 곳이 이렇게 많은지 몰랐습니다.

미리 봐 뒀던 계룡산 자연사 박물관을 둘째가 가고 싶다고 합니다. 형은 그다지 가고 싶은 생각이 없어 보입니다. 민이가 버스 타고 벌초하러 갔던 형처럼 아빠와 둘이서 가고 싶답니다. 지금이 둘만 떠날 기회라고 생각되어 2020년 여름에 버스를 타고 계룡산에 갔습니다.

  우리 집에서 둘째 입이 가장 바쁩니다. 쉴 틈이 없습니다만 형 눈치 보느라 입을 꾹 다물고 있을 때도 있습니다. 오늘은 다릅니다. 자기 이야기만 들어줄 사람이 있습니다. 궁금한 것도 많고, 설명해 줄 이야기들이 끊임없이 나옵니다. 벌초하러 갈 때 형하고 아빠만 던킨도너츠 먹었다고 투덜거렸습니다. 오늘 드디어 사 줬습니다. 오늘은 민이가 원하는 거 다 해주렵니다.

  둘째는 여름을 힘들어합니다. 조금만 더워도 얼굴이 타오르면서 오래 걷지 못합니다. 버스 정류장에서 박물관까지 꽤 걸어야 하는데도, 오늘은 아이스크림 하나로 충분합니다. 박물관 입구에 있는 공룡 모형들이 보이기 시작합니다. 둘째는 신나서 저에게 공룡 이름들을 가르쳐 줍니다. 저는 들어도 잘 모르겠네요. 박물관 안에서는 한국 최초의 공룡뼈 복원물을 봅니다. 오늘은 원하는 대로 돌아다니라고 했습니다. 자기만의 코스대로 박물관을 탐험합니다. 어디 가도 되냐고 물어보지도 않습니다. 자기만 보는 아빠가 있으니 둘째는 자신감이 샘솟습니다. 진작 둘만 올 걸 그랬네요.

    계룡산을 언제 다녀왔는지 가물가물한데 둘째는 2021년 여름에 경남 고성 공룡 박물관에 꼭 가야 한답니다. 코로나 때문에 미뤄졌던 공룡 엑스포가 올해 열린답니다. 코로나로 사람 많은 곳에 가기도 부담되지만, 매일 가냐고 물어보는데 안 갈 수가 없습니다. 서울에서 경남 고성까지는 차로 5시간 정도 걸립니다. 1박 2일로 가자니 왠지 찜찜합니다. 큰아들은 바쁘다기에 둘이서만 버스로 당일 여행을 하기로 했습니다. 남부터미널에서 아침 8시에 출발하고, 고성에서 밤 10시 10분 막차를 타면 하루 만에 가능합니다.

    고성 가는 날입니다. 둘째는 새벽부터 일어나서 옷 다 입고 소파에서 아빠를 기다리고 있습니다. 둘이서 먹을 물과 간식을 챙겨서 남부버스터미널로 갔습니다. 편의점에서 컵밥도 사 주고 휴게소에서 소떡소떡도 먹다 보니 벌써 고성에 왔습니다. 집에서는 잘 안 먹더니 점심은 제 밥까지 달라고 합니다. 둘이서만 여행 오니 식욕이 샘솟나 봅니다.

    택시를 타고 행사장으로 이동했습니다. 코로나 시국이라지만 사람들이 많습니다. 엑스포 입구에 큰 공룡 두 마리가 서 있습니다. 둘째가 흥분하기 시작합니다. 친구들에게 보여줘야 한다며 사진도 찍습니다. 행사장 지도를 보면서 갈 곳들을 계속 찍어 줍니다. 폐장 전까지 다 볼 수 있을지 모르겠습니다.

공원 안쪽에는 다양한 공룡들이 전시되어 있습니다. 작년에 계룡산에서 봤던 모형들과 비슷합니다. 공룡 발톱도 찢어져 있고 오래된 티가 나서 조금 실망스럽더군요. 둘째에게는 아무 상관없습니다. 오랜만에 산책 나온 강아지처럼 공원 곳곳을 돌아다닙니다. 절대 지치지 않습니다. 저는 좀 앉고 싶은데 그럴 틈도 없네요. 전날 술도 먹어서 힘듭니다. 공원 안에 아이들이 뛰노는 그물막이 있습니다. 우리 함께 하늘을 보자면서 누웠습니다. 옆에서 아이들이 뛰고 돌아다니지만 저는 바로 잠들어 버렸습니다.

눈을 떴더니 둘째는 옆에서 저를 빤히 보고 있더군요. 화석 진본이 있다는 공룡 화석 전시관에 얼른 갔습니다. 둘째는 '둔클레오테우스'를 찾아다닙니다. 저는 이름도 못 외우겠지만, 민이는 사진도 찍고 구석구석을 살펴봅니다. 시커먼 돌처럼 보이는데, 둘째에게는 소중한 보물입니다.

공원 옆의 당항포 놀이동산에도 갔습니다. 한 달 전에 큰아들은 친구들끼리 롯데월드를 다녀왔습니다. 둘째는 왜 자기는 친구들과 못 가냐고 삐졌었죠. 오늘은 눈에 보이는 놀이 기구 다 타라고 했습니다. 바이킹을 처음 탔습니다. 얼굴도 못 들고, 배가 콕콕 찌르듯이 무섭답니다. 범퍼카도 타고 현금이 다 떨어질 때까지 뽑기를 시켜 줬습니다.

오후 5시가 넘어가니 저는 식당만 보입니다. 둘째는 오전에 봤던 공룡들을 또 보자고 합니다. 폐장인 저녁 8시까지 구경하고, 밤 10시 차를 타고 새벽 3시에 집으로 왔습니다. 침대 위에 이미 공룡 인형들이 쌓여 있습니다. 둘째는 새로 사 온 공룡 캐릭터 인형을 친구들에게 소개하고 함께 잠듭니다.

둘째는 누구의 방해 없이 자기가 좋아하는 것을 마음껏 보았습니다. 온종일 자기 이야기만 들어주는 사람도 있었습니다. 자기도 형처럼 롯데월드에 가 봤다고 뿌듯해합니다. 둘째는 늘 형 따라다니기 바빴는데, 오늘은 혼자서도 잘 돌아다녔습니다. 오늘따라 민이가 누워 있는 침대가 작아 보입니다.

둘째와 저만의 추억도 생겼습니다. 민이는 형한테 아빠와 둘이서만 먹은 어묵, 라면, 국밥이 맛있다며 자랑합니다. 저는 미슐랭 식당이라도 다녀온 줄 알았습니다. 둘만의 여행을 다녀오니 스킨십도 쉬워졌습니다. 둘째를 안아 주면 엉덩이를 뒤로 빼고는 했습니다. 조금 있으면 몸을 비비며 제 품을 벗어납니다. 아쉽죠. 그러나 이제는 제가 두 팔을 벌리면 천천히 다가옵니다. 안고 흔들어도 엉덩이가 뒤에 있지 않습니다. 아들의 머리 냄새가 향긋합니다. 코로나 끝나면 둘이서만 어디든 떠나야겠네요.

10.

## 아빠, 나 갑자기 팔이 아파

요즘 아들들이 레고에 푹 빠졌습니다. 거실을 지나갈 때 레고가 밟히지 않도록 조심하게 다닙니다. 레고가 어린이용 장난감만은 아니더군요. 이번에 큰아들에게 사 준 레고 테크닉은 멋진 작품입니다. 공기압력으로 크레인도 움직이고, 기어가 맞물려 돌아가는 모습도 보입니다. 고생해서 만든 자신의 결과물에 뿌듯해하면서 예전에 조립해 놓았던 레고 테크닉들과 함께 전시해 놓았습니다. 이제는 혼자서도 잘 만듭니다만, 어렸을 때는 저 없이 안 되었습니다. 아빠에게 부품 찾아달라고 하던 큰아들이 그리워집니다.

영국에서 근무할 시기입니다. 2014년 가을에 아이들과 함께 윈저에 있는 레고랜드에 갔습니다. 다 놀고 나올 때 큰아들에게 스타워즈에 나오는 '제다이 인터셉터' 레고를 사 줬습니다. 차 안에서 큰아들은 레고를 가슴에 꼭 품고 있었습니다. 집에 오자마자 박스를 뜯으며 만들기 시작합니다. 여섯 살인 큰아들에게는 만들기 어려워 보이기에 제가 옆에서 도와줬습니다.

레고 설명서는 조립하는 방법이 그림으로 잘 나와 있습니다. 부품만 찾아서 그대로 따라 만들기만 하면 되죠. 그날도 아들이 쉽게 조립하라고 저는 옆에서 부속품만 찾아 주고 있었습니다. 큰아들이 그림대로 금방 조립할 줄 알았는데, 빨리 가지고 놀고 싶었나 봅니다. 설명서를 대충대충 봅니다. 부품을 좌우로 바꿔 붙이고는 저에게 물어봅니다. "아빠, 이거 여기에 끼우는 거 맞아?"

설명서대로만 하면 제가 도와줄 일은 없습니다. 혼자 잘하겠지 싶어서 TV를 보고 있었습니다. 아들의 질문이 멈추지 않습니다. 설명서에 있으니 그만 물어보라고 투덜거렸습니다. 아빠의 이런 짜증을 몇 번 듣던 아들이 저를 5초 정도 보다가 말합니다.

"아빠, 나 갑자기 팔이 아파. 레고 못 만들겠어."

저는 놀라서 아들을 봤습니다. 두 팔은 축 늘어트리고 입은 뽀로

통하게 나와 있습니다. 1분 전만 해도 우주선을 만들려고 부품을 여기저기 붙이던 아들이 멍하니 앉아 있습니다. 저에게 도움을 청하던 초롱초롱한 눈은 원망과 답답함으로 가득 차 있습니다. 제 얼굴이 화끈 달아올랐습니다. 잘 알아듣지도 못하는 영국 방송 보느라 아들 질문에 답도 잘 못 해줬네요.

자기 말을 안 들으면 "아빠는 귀가 없어? 내 말이 안 들려?"라고 물어보던 큰아들입니다. 짜증을 내면서 자기 좀 봐달라고 말할 수도 있었을 텐데, 왜 팔이 아프다고 이야기했을까요? 속 깊은 아들의 말에 마음이 무거워집니다.

레고랜드에 가는 날은 아침부터 바쁩니다. 개장 시간에 맞춰 가야 놀이 기구도 바로 탈 수 있습니다. 레고 자동차, 레고배도 운전해야 하고 레고로 만들어진 도시들도 봐야 합니다. 아이들이 좋아하는 스파게티와 피자도 먹어야 하고요. 온 가족이 온종일 즐겁게 놀다 옵니다. 집에 갈 때면 매장에서 레고를 사 주고는 했습니다. 레고랜드의 즐거움이 집에까지 이어집니다. 큰아들은 레고를 만들어서 아빠에게 자랑도 하고, 둘째와 우주 전쟁도 하고 싶었을 겁니다. 몸은 집에 왔지만, 마음은 아직 레고랜드였습니다. 아빠도 함께 있는 줄 알았는데, 아빠는 TV만 보고 있었습니다. 모르는 부분을 물어봐도 설명서대로 만들라고만 합니다. 얼마나 답답했을까요? 화낼 수도 있었을 텐데, 돌려서 말해 준 아들에게 조금 미안하면서도 크게 고마워집니다.

초등학교 6학년이 된 아들에게 그때 어떤 기분이었는지 기억하냐고 물어봤습니다. 잘 모르겠답니다. 자신 있던 레고를 제대로 못 만드니 자존감이 많이 떨어졌을 것 같다고 합니다. 레고와 자존감이 연결될 수도 있네요. 저는 큰아들의 눈빛이 지금도 생각나지만, 아들은 이미 지나간 일입니다. 근이가 아빠에 대한 나쁜 기억을 담고 있지 않아서 다행이군요.

아들과 이런 일이 있었음에도, 말하는 습관이 쉽게 바뀌지 않습니다. 아이들에게 자꾸 짜증을 냅니다. 지난주 일요일 저녁에 계획표 오래 쓰게 한다고 큰아들이 투덜댑니다. 하루 내내 놀고 저녁에 계획표 세우려니 힘든 거라고, 왜 이렇게 오래 쓰고 있냐고 화냈습니다. 아들에게는 설명서대로 만들라는 말과 똑같이 들렸을 겁니다. 저와 함께 있고 싶은 마음은 하나도 못 알아주면서 자꾸 시키기만 합니다. 저도 참 한결같습니다.

앞으로는 아들한테 짜증을 내기 전에 레고를 봐야겠습니다. 아들이 저에게 돌려서 말해줬듯이, 저도 부드럽게 말하고자 합니다.

"아빠, 이거 여기에 끼우는 거 맞아?"
"응. 맞아. 설명서 잘 봤네."
"고마워. 아빠."

여섯 살 때의 아들은 이런 대화를 원했을 겁니다. 이제는 아들이 레고 만들 때 아빠를 찾지 않습니다. 이미 그 시기는 지나가 버렸습니다. 지금이라도 아이들에게 부드럽게 말해 주렵니다. 아이들이 말없이 방문 닫고 들어갈 때면 말해 주고 싶어도 늦을 겁니다.

11.

## 30분만의 부자 상봉

초등학교 3학년인 큰아들을 30분 정도 잃어버린 적이 있었습니다. 자전거를 함께 타다 큰아들을 놓쳤습니다. 핸드폰도 놓고 가서 연락도 되지 않았습니다. 불안감과 초조함으로 심장이 몸 밖으로 뛰쳐나가는 줄 알았습니다. 다시는 떠올리기 싫은 순간이었습니다.

아파트 놀이터는 자라는 아이들이 뛰기에는 공간이 넉넉하지 않습니다. 부족한 운동량을 채우기 위해, 큰아들에게 자전거를 사 주었습니다. 기어도 7단까지 있는 접이식 삼천리 자전거입니다. 유아용 배트맨 자전거만 탔던 큰아들에게 신세계가 열렸습니다. 신기하다고 자전거를 반으로 접었다가 피기도 합니다. 기어도 변속하면서 빠르게 달립니다. 저는 큰아들이 타다가 넘어질까 봐, 새 자전거에 익숙해지라고 여의도 공원에 갔습니다. 묶인 줄이 풀린 강아지처럼 큰아들은 앞만 보고 페달을 밟았습니다. 공원에서 빌린 바구니 달린 자전거로는 쫓아가기 힘듭니다. 큰아들은 더 빨리, 더 멀리 가고 싶어 했습니다.

　자전거 타기 좋다는 한강공원에 갔습니다. 온 가족이 함께 자전거를 탈 수도 있습니다. 스피드를 좋아하는 큰아들을 따라다녀야 하기에, 이번에는 바퀴가 큰 자전거를 빌렸습니다. 반포에서 여의도까지의 자전거 코스도 검색해 놨습니다. 네이버 지도를 보니 앞으로만 쭉 달리면 됩니다. 가는 데 30분 정도 걸립니다. 여의도에 가서 라면 먹고 돌아오면 되겠네요. 아빠의 큰 자전거를 본 아들은 못 따라갈까 봐 걱정합니다. 저도 아들이 안 보이면 불안할 겁니다. 큰아들 보고 먼저 가라고 했습니다. 뒤에서 어른용 자전거로 쉽게 따라갈 수 있다고 생각했습니다.

　반포에서 동작역까지 따뜻한 봄 날씨에 상쾌한 강바람을 맞으며 함께 달렸습니다. 큰아들이 자신감이 붙었는지 점점 속도를 내기 시작합니다. 자기 자전거에도 익숙해졌고, 뒤에 아빠도 있습니다. 기어도 올렸는지 앞으로 쭉쭉 나갑니다. 저 역시 빌린 자전거 기어를 올렸지만, 속도는 그대로입니다. 자전거 핸들의 기어 숫자를 확인하는 사이에 큰아들은 저 멀리 나가 있습니다. 처음 가는 길입니다. 앞으로만 가면 되지만 무슨 일이 있을지 모르죠. 제가 빨리 따라가야 합니다. 페달에 힘을 주어 열심히 밟았습니다. 거리는 더 벌어집니다. 뒤에서 큰아들을 소리쳐 부르지만, 앞에서 불어오는 강바람에 실려 제 목소리는 뒤로만 넘어갑니다. 아들이 점이 되더니 사라져 버렸습니다. 조금 불안하지만, 많이 걱정되지는 않습니다. 길은 하나밖에 없으니까요. 큰아들도 아빠가 안 보이면 자전거를 세우고 기다릴 겁니다.

한강대교를 지나서 여의도 앞까지 왔습니다. 네이버 지도로만 봤을 때는 몰랐는데, 길이 두 갈래로 나눠집니다. 오른쪽으로는 한강공원으로, 왼쪽은 여의도 공원으로 가는 길입니다. 갈림길인데 큰아들이 보이지 않습니다. 저는 앞으로만 가라고 했었습니다. 가슴이 뛰기 시작합니다. 길이 두 군데면 아빠를 기다려야지 어디로 갔냐고 아들에게 할 잔소리가 벌써 생각납니다. 우선 아들을 찾아야죠. 저는 예전에 갔던 여의도 공원으로 갔을까 봐 왼쪽 길로 빠르게 달렸습니다. 숨이 턱 밑까지 차오릅니다. 차도가 보입니다. 조심성 많은 큰아들은 서 있었을 텐데, 신호등 앞에도 보이지 않습니다. 아까 생각했던 잔소리가 욕으로 바뀝니다. "이놈의 자식, 찾기만 해 봐라."

다시 내려와서 한강공원 방향으로 한참을 갔습니다. 꽤 달렸는데도 아들이 보이지 않습니다. 넓은 공원에서 운동하는 사람들만 보입니다. 아침이라 사람이 드문드문 보이지만, 큰아들은 없습니다. 그래도 괜찮습니다. 이럴 줄 알고 큰아들에게 핸드폰을 들고 다니라고 했으니까요. 자전거를 옆에 두고 전화를 했습니다. 두 번이나 계속 걸었지만 받지 않습니다. 문득 아내가 했던 말이 생각납니다. "들고 다니기 귀찮아서 핸드폰 집에 놓고 다닐 때 많아." 핸드폰 신호음과 함께 제 손도 부르르 떨립니다. 주변을 둘러봐도 큰아들이 없습니다.

온갖 나쁜 걱정이 밀려옵니다. 한강으로 빠졌는지, 어른과 부딪혀서 넘어졌을지도 모르겠습니다. 머릿속이 하얘집니다. 초조한 마음으로 아내에게 전화했습니다.

"큰아들 없어! 그쪽에 안 갔어?"

둘째와 세빛섬 앞에서 킥보드를 타던 아내도 놀랐습니다. 안 왔답니다. 제가 여의도 공원 쪽으로 갔을 때 돌아갔을까 봐 아들 찾으면서 이쪽으로 오라고 했습니다. 저 역시 반대 방향으로 달리기 시작했습니다. 입에선 쌍욕이 나오기 시작합니다. "X발, X발."이 강바람을 타고 계속 퍼져나갑니다.

　반대 방향으로 달려서 노량진까지 왔습니다. 큰아들이 갔으면 이미 봤을 겁니다. 쌍욕이 이제는 기도로 바뀝니다. "제발, 아무 일 없게 해 주세요." 자전거에서 내려 주변을 꼼꼼히 둘러보았습니다. 저 멀리 눈에 익숙한 자전거 헬멧이 보입니다. 누군지 바로 알겠더군요. 아까 했던 기도가 이제는 분노로 바뀝니다.

　"드디어 찾았다! 다시는 이런 일 없도록 단단히 가르쳐 줘야지!"

　점점 아들 모습이 또렷해집니다. 입은 뾰로통하게 나와 있고 눈에는 초점이 없습니다. 힘차게 밟았던 페달도 천천히 움직입니다. 제 화가 가라앉기 시작합니다. 큰아들한테 제가 있는 도로 옆에 자전거를 세우라고 손짓했습니다. 이제는 화보다 아들을 찾았다는 기쁨이 밀물처럼 밀려옵니다. 자전거를 제 앞에 세운 큰아들이 고개를 숙이고 입을 쑥 내놓으면서 저에게 옵니다. 머리를 제 가슴에 툭 대고는 울음이 섞인 채 말합니다.

　"아빠, 어디 갔었어?"

아들은 콩하고 머리를 댔을 뿐이지만 제 심장을 통해 쿵 하는 소리가 온몸으로 퍼집니다. 화낼 일이 아닙니다. 등을 다독여주며 "괜찮아, 아들. 이제 찾았잖아."라고 말했습니다. 다시는 잊어버리지 않겠다는 각오로 아들을 꼭 안고 있었습니다. 아내와 둘째가 얼굴이 벌건 채로 킥보드를 타고 옵니다. 아내는 큰아들 얼굴을 만지며 괜찮으냐고 물어보고, 둘째는 반갑고도 놀란 얼굴로 형만 바라보고 있었습니다. 온 가족이 부둥켜안고 서로의 등만 두들겼습니다. 따듯한 봄바람이 우리 주변을 스쳐 갈 뿐입니다.

다시는 떠올리기 싫은 기억입니다. 그러나 제 가슴에 머리를 대던 큰아들 모습은 지금도 선명합니다. 제가 화나서 큰아들에게 소리칠 때면 한강 앞에서 근이가 했던 말이 떠오릅니다.

"아빠, 어디 갔었어?"

제4장

색안경을 벗어
던진 아빠

1.

## 못 믿는 게 내 문제였구나 - 유튜버

큰아들은 유튜버입니다. 영상은 딱 하나만 있습니다. 이 한 개의 콘텐츠를 만들기까지 1년이 걸렸습니다. 처음 유튜브를 할 때는 열심히 하라고 말해 줬습니다. 영상을 만드는 데 시간이 꽤 걸립니다. 불안해집니다. 아들에게 화를 내며 그만하라고도 해 봤죠. 소용없습니다. 만족스러운 영상을 올린 후에야 유튜브를 멈추었습니다. 원하는 만큼 해 보니 그만두더군요.

6학년이 된 큰아들에게 유튜버였던 학교 친구가 한번 해 보라고 권했답니다. 새로운 도전에 저는 적극적으로 찬성했습니다. 근이는 범블비 장난감을 변신하는 과정을 콘텐츠로 만들었습니다. 엄마 핸드폰으로 녹화하고, 편집까지 합니다. 신기하더군요. 어떻게 하냐고 물어보니 쉬워서 그냥 하면 된답니다. 어디선가 많이 들어본 말입니다. 우리가 아들들에게 자주 했었죠. "공부가 제일 쉬워. 하면 돼."

　아들의 첫 영상을 주변 사람들에게 보여줬습니다. 유명한 유튜버로 키워서 부자 되라고 하지만, 옆에서 지켜볼 수가 없습니다. 영상 하나 만드는 데에 하루나 이틀이 걸립니다. 지켜보는 제 속이 터지겠습니다. 장난감 콘텐츠를 몇 개 더 올렸지만, 구독자가 늘지 않습니다. 며칠을 고민하더니 사람들이 좋아하는 콘텐츠인 게임으로 바꾸겠답니다. 주말에 게임을 하면서 바로 찍으면 만드는 시간도 줄일 수 있답니다. 그럴싸하군요. 하라고 했습니다.

　콘텐츠가 늘어날수록 게임과 영상 제작의 구분이 모호해집니다. 게임 시간을 다 썼으면 태블릿을 덮어야 하는데, 편집을 바로 한답니다. 주말에는 하루에 다섯 시간 이상 태블릿만 보고 있습니다. 토, 일요일에 다 못 만들면 평일에도 해야 한답니다. 예전의 "게임 해도 돼?" 대신 지금은 "편집해도 돼?"라고 물어봅니다. 힘들게 조절해 온 아들과의 게임 규칙이 흔들립니다. 영상이 중요한 시대이기도 하고, 게임을 하는 것도 아니기에 평일에는 저녁에 30분만 하라고 했습니다.

　지켜보는 우리는 조마조마합니다. 편집을 하는 건지 게임을 하는 건지 모르겠습니다. 벤치마킹한다고 유명 게임 유튜버도 봅니다. 이거는 게임 하는 것이 아니랍니다. 엄마와 큰아들의 목소리가 다시 높아집니다. 그래도 그만두지 않습니다. 자신이 만든 동영상을 보며 뿌듯해하고, 적은 조회 수에 실망도 합니다. 더 많은 영상을 위해 친구들과의 일상을 찍기도 합니다. 하지만, 구독자 수에 별 영향을 주지는 않습니다. 유튜브에 대한 흥미가 떨어졌는지 이제는 편집한다는 말을 안 합니다. 핸드폰 중독일까 싶던 순간에 큰아들이 멈추었습니다.

 찾을 게 생기면 어른은 녹색 창을, 아이들은 빨간 창을 연답니다. 아들은 글보다 영상이 익숙한 세대입니다. 시대의 흐름이라지만, 태블릿을 오래 붙잡고 있는 아들을 보면 그만하라는 말이 목까지 올라옵니다. 학교 온라인 수업 중에도 핸드폰 게임 하는 아이들이 있다고 합니다. 유튜브 한다면서 전자기기에서 벗어나지 못할까 봐 걱정되더군요. 큰아들이 유튜브에 대한 흥미를 잃으니 평일에는 태블릿을 찾지 않습니다. 가슴속에 있던 고구마가 내려갑니다. 아들이 유튜브 골드 버튼 안 받아도 됩니다. 그전에 제가 울화병이 생길 것 같더군요.

 그래도 이때 배운 편집 기술이 학교 수행 평가에 도움이 됩니다. 요즘은 숙제도 동영상으로 만듭니다. 모둠 친구들끼리 영상 조, 편집 조로 나눠 동영상을 만듭니다. 큰아들은 편집 담당입니다. 다른 아이들이 먼저 찍은 영상을 편집해서 숙제로 제출해야 한답니다. 주말 늦은 시간까지 동영상을 만들고 있습니다. 편집 담당이 마무리를 못 하면 다른 아이들에게도 피해가 간답니다. 책임감이 있는 건 좋지만, 주말까지 왜 사서 고생하는지 답답합니다.

자신이 좋아하는 내용을 발표하는 '꿈끼 대회'가 학교에서 열린답니다. 큰아들은 로봇 관련한 콘텐츠를 만들겠다고, 태블릿과 엄마 핸드폰을 다시 달라고 합니다. 이번에는 예전과 다르더군요. 유튜브를 할 때만 해도 편집한다면서 눈만 열심히 움직였습니다. 가끔 피식거리고도 하고요. 제가 근처에 가면 재빠르게 손이 움직이면서 "편집 중이야."라고 말합니다. 저도 어렸을 때 Alt+Tab 많이 눌러봤습니다. 큰아들이 뭘 하는지 알 것 같습니다. 그러나 지금은 눈빛이 반짝이고 손도 바쁩니다.

큰아들은 노라조의 〈사이다〉를 배경 음악으로 자신이 만든 로봇이 움직이는 영상을 만들었습니다. 자막과 움짤도 넣습니다. 로봇을 만드는 과정도 보여 줍니다. 자신이 만든 영상으로 대회에서 발표하고 유튜브에 올려놓았습니다. 이제는 유튜브를 한다고 말하지 않습니다.

아들의 유튜브에는 3분 23초 영상 하나만 있습니다. 이 로봇 콘텐츠 하나 만드는 데 오래도 걸렸네요. 자신의 꿈인 로봇 공학자를 잊지 않아서 고맙습니다. 핸드폰 중독일까 싶었습니다. 원하는 만큼 해 본 큰아들은 스스로 멈추었습니다.

동영상을 다시 보니 자막에 '가슴이 뻥 뚫린다.'라고 적혀 있습니다. 오타를 말해 줘야 할까요?

2.

## 다이어트는 살만 빼는 것이 아니다

큰아들이 70일 동안 7Kg을 빼기로 했습니다. 다이어트가 살만 빼는 것은 아니더군요. 체중은 줄고 자신감은 늘었습니다. 생각지도 못한 수확이었습니다.

코로나로 온 가족이 '확찐자'가 되었습니다. 정상 체중으로 돌아가야만 했습니다. 몽마르뜨 공원으로 2021년 10월 24일에 가족끼리 배드민턴과 달리기를 하고 돌아왔습니다. 집에 가려는 엘리베이터를 기다리고 있는데, 큰아들이 할 말이 있는 듯 계속 쭈뼛댑니다. 치킨 사달라는 줄 알았습니다. 주말에 운동도 했으니 저도 먹으려고 했죠. 갑자기 20만 원짜리 레고를 사 줄 수 있냐고 물어봅니다. 생일에도 사

준 적이 없는 큰 금액입니다. 근이는 안 될 걸 알면서도 용기를 냈습니다. 간절한 눈빛에 "안 돼."라는 말을 못 하겠습니다. 조건을 걸었습니다. 12월 31일까지 5Kg을 빼면 15만 원, 7Kg 빼면 20만 원 준다고 했습니다. 큰아들의 몸과 마음이 활활 불타오릅니다.

집에 들어오자마자 몸무게를 적기 위한 표를 만들었습니다. 혼자 하면 힘드니, 저도 5Kg을 빼기로 했습니다. 확실하게 하려고 집에 있는 과자, 라면 등을 치웠습니다. 확찐자 두 명은 저녁 6시 이후로 아무것도 안 먹기로 했습니다. 아빠의 단호한 모습에 가족이 놀랍니다. 큰아들도 두 주먹을 불끈 쥐며 파이팅을 외칩니다.

확실한 보상을 걸었고, 함께할 파트너도 있으니 큰아들 생활이 바뀝니다. 학원 다녀온 후 7시에 저녁을 먹고는 했습니다. 이제는 학원 가기 전에 밥을 달라고 합니다. 습관적으로 9시만 되면 찾던 간식도 끊었습니다. 매일 저녁이면 엄마와 30분 정도 걷습니다. 한 달이 지나니 살이 빠진 게 보입니다. 거울에 비친 달라진 자신의 모습을 보면서 스스로 놀랍니다. 체중계를 보고 나면 '할 수 있어!'라고 말하기도 합니다.

다이어트와 상관없는 학원 숙제도 열심히 합니다. 얼마 전만 해도 숙제하기 귀찮으면 그저 빈둥댈 뿐이었습니다. 이제는 머뭇거리는 시간도 줄었습니다. 우리의 칭찬은 계속 늘어납니다. 선순환입니다. 저나 아내도 잔소리 대신 "하면 되네."라고 말합니다. 엄마와 싸우더라도 함께 운동하면서 이야기하고 옵니다. 둘의 얼굴이 다시 환해집니다.

  12월이 되니 살이 잘 안 빠집니다. 추워서 운동도 잘 못 하고요. 변하지 않는 몸무게를 보면서 큰아들은 불안해합니다. 다음 주 크리스마스에는 2박 3일로 가족 여행을 가기로 했습니다. 많이 먹을 것 같다고 걱정합니다. 저는 옆에서 "포기하면 편해!"라며 깐죽거렸습니다.

  크리스마스가 되었습니다. 가족 여행을 가는 차 안에서 큰아들이 자꾸 빨리 가자고 합니다. 도착하는 시간을 계속 확인합니다. 일찍 가서 게임 하려고 큰아들이 물어보는 줄 알았습니다. 신호등의 노란 불에서도 차를 꼬박꼬박 멈추며 천천히 갔습니다. 아내는 큰아들이 6시 이전에 저녁을 먹어야 해서 빨리 가고 싶어 한다고 귀띔해 줍니다. 놀러 가서도 살을 뺄 생각이었군요. 이제는 앞차 뒤꽁무니를 빠르게 따라갑니다. 도착하니 오후 4시입니다. 부랴부랴 피자와 닭강정을 데우고 저녁을 준비했습니다. 근이는 피자를 반만 먹고 배부르답니다. 이럴 리가 없습니다. 피자를 남기는 걸 처음 봤습니다. 저는 그날 맥주에 오징어 땅콩에 비첸향 육포까지 먹었습니다. 아들이 저보다 낫습니다.

아무리 적게 먹었다고 해도 산타할아버지가 선물과 살을 함께 주고 가셨습니다. 31일까지 이제 6일 남았습니다. 큰아들은 5Kg을 뺐으니 15만 원짜리 레고를 산답니다. 아쉽더군요. "마지막까지 힘내자!"라고 적어서 몸무게를 적는 표에 붙여 놓았습니다. 저와 아내는 계속 "할 수 있어! 조금만 더!"를 외쳤지요. 아들은 체념한 듯하면서도 저녁에 운동을 나갑니다.

12월 30일인데 몸무게가 62.1입니다. 목표까지 100g 남았습니다. 큰아들은 내일을 위해 손톱도 짧게 잘랐습니다. 충분히 자야 살이 빠진다면서 10시에 침대에 눕습니다. 늘 12시가 되어야 불을 끄더니 목표가 있으니 빨리 자는군요.

12월 31일에 회사에 있더라도 큰아들 몸무게가 궁금합니다. 아내에게 10시쯤 카톡을 보내자 체중계 사진이 바로 날아옵니다.

'61.9'

년 마감으로 바쁜 날이지만 더 중요한 일이 생겼습니다. 조용히 회의실로 갔습니다. 큰아들에게 전화해서 폭풍 칭찬을 해 줬습니다. 아들의 기쁨에 찬 목소리가 핸드폰을 통해서 전해집니다.

　집에 오니 큰아들 선물은 벌써 주문해 놓았군요. 오늘은 마음껏 먹으라고 치킨도 시켜 주고, 머리 쓰다듬어 주고 등도 두들겨주었습니다. 살을 뺀 결과보다 과정이 대단하다고 말해줬습니다. 아들도 뿌듯해합니다. 앞으로도 계속 다이어트할 거냐고 물어봤습니다. 내년에도 저녁 6시 이후에는 안 먹고, 과자도 줄이겠답니다. 제 얼굴에 미소가 환하게 피어오릅니다.

　유튜브로 '조작가의 스몰빅클래스'를 종종 봅니다. 아이들 성장에 중요한 것 중의 하나가 '작은 성공'이라고 말합니다. 평상시에 쌓인 작은 성공 경험들이 아이들 자존감을 높여주고, 어려움이 생기더라도 참고 견디는 힘을 길러 준답니다. 머리로는 이해되지만, 아이들이 작은 성공을 어떻게 배울 수 있나요? 게임 랭킹 올라갈 때마다 칭찬해 줄 수는 없습니다. 이 70일간의 다이어트가 큰아들에게 '작지만 매우 큰 성공 경험'이 되었습니다. 큰아들은 매일 적었던 몸무게 테이블을 버리지 말라고 합니다. 저 역시 큰아들이 힘들어할 때마다 보여 주려고 플라스틱 폴더에 껴 놓았습니다. 문제집에서 배울 수 없는 커다란 성공을 큰아들은 직접 경험했습니다. 큰아들이 물어봅니다.

"아빠도 함께 살 뺐는데 아빠 보상은 뭐야? 나만 받으려니 미안해."

아들은 몰랐군요. 전 이미 충분한 보상을 받았는데요.

"아빠의 보상은 너의 자신감이야."

3.

## 아빠, 난 로또 세 번 맞았어

큰아들과 다이어트를 위해 아파트 단지를 돌고는 했습니다. 그날도 밤 9시에 아들과 걸으면서 이런저런 이야기를 했죠. 근이 학교생활도 알게 되고, 친구들 이름도 듣습니다. 집에서는 말하기 힘들었던 엄마와의 일이나, 큰아들 꿈, 제 어렸을 적에 대해서도 이야기합니다.

집에서 아이들에게 "이야기 좀 하자."라고 하면, 아들들은 아빠가 또 어려운 말을 할 거라면서 도망갑니다. 지금은 함께 걸으니 대화가 술술 됩니다. 아파트 단지를 반쯤 돌았는데 큰아들이 불쑥 말합니다. "아빠, 난 로또 세 번 맞았어." 이게 무슨 말인가 싶었죠. 제가 블로그에 쓴 "난 복권을 두 번 맞았다."를 보고 따라 한 말이었습니다.

아들이 세 가지 복권에 대해서 말해 줍니다. 첫 번째는 좋은 아빠, 엄마를 만나서 행복하답니다. 자기랑 이야기도 많이 하고 꿈을 찾으라면서 도와주는 아빠가 고맙답니다. 엄마는 다른 부모들과 다르답니다. 친구 엄마들은 공부만 하라고 한답니다. 우리 엄마는 공부 외에 다른 말도 잘해주고, 자기를 잘 기다려 준답니다.

우리가 정말 그랬었나요? 큰아들이 좋아하는 것을 해 주려고 노력은 했습니다. 근이는 손으로 만들기를 좋아합니다. 건담, 레고, 게임 캐릭터 제작, 닌텐도 라보 등 직접 만들면서 놀 수 있는 것을 꾸준히 찾아 주었습니다.

무언가를 만들면 자기 꿈인 로봇 공학자가 되는 것 같답니다. 다른 아이템들을 찾아보았습니다. 용산 아이파크 몰에 가서 RC카도 보고, 프라모델도 사 주었습니다. 로봇 공학자가 되는 방법을 알려 주려고, 서울대, 카이스트의 공대 교수님들한테 메일도 썼습니다. 우리는 열심히 공부하라는 말 외에는 잘 모르겠더군요. 몇몇 교수님들이 답장을 주셨습니다. 로봇 대회도 나가 보고, 다양한 경험도 하고 수학을 열심히 하랍니다. 좋은 교수님이십니다.

가끔 큰아들의 날카로운 말에 아내가 상처를 받기도 합니다. 그러면 방에 와서 두 손을 꼭 쥐고, 큰 숨을 내쉬면서 가슴을 칩니다. 차분해지면 아들 방에서 이야기하다 옵니다. 아내는 대화 방법을 배워야 한다고 오은영 박사님 영상도 봅니다. 이런 우리의 모습을 아들이 알아주었네요. 고맙더군요.

두 번째는, 둘째가 있어서 행복하답니다. 코로나 때문에 집에 있는 시간이 많아졌지만, 둘째와 놀 수 있어 재밌답니다. 여전히 둘이서 칼싸움도 하고, 장난감으로 상황극을 만들면서 놉니다. 우리는 모르는 자기들만의 놀이도 만들어서 합니다. 공룡, 어벤져스에 대한 정보도 함께 열심히 찾습니다. 아이들 놀이에 껴 보려고 저도 노력해 보았습니다. 아이들의 반응이 시원찮습니다. 저하고 둘만 있으면 잘 놀아 주지도 않습니다.

둘이 싸우기도 하지만 밤이 되면 다시 서로를 찾습니다. 종일 둘이서 붙어 있다가 잘 때는 각 방으로 들어갑니다. 분명히 아이들은 자기 방에 있어야만 합니다. 작은아들 방에서 이상한 소리가 납니다. 첫째 방에 가 보니 침대에는 큰아들이 누워 있습니다. 침대 모양이 수상해 보입니다. 이불을 펼쳐 보니 영화에서처럼 베개와 인형들만 일렬로 놓여 있습니다. 큰아들은 둘째 방문 뒤에 몰래 숨어 있고요. 다시 큰아들을 침대에 눕히고 나왔습니다. 불이 꺼진 거실에서 몰래 아이들 방을 지켜보고 있었죠. 아니나 다를까 큰아들이 슬금슬금 나옵니다. 부리부리한 눈으로 지켜보던 저를 보고 움찔하면서, 고개를 푹 숙이고 자기 방으로 들어갑니다. 종일 붙어 있었는데도, 둘이서 무슨 할 말이 그리도 많을까요? 큰아들은 이런 둘째가 있어서 고맙답니다.

세 번째는, 넉넉하지는 않아도 자신이 원하는 것들을 사 주는 집안 분위기랍니다. 저는 강남에 사는 대출 많은 외벌이입니다. 비싼 장난감을 사 줄 수 없습니다. 좋은 차로 여행도 못 다닙니다. 아들들에게 "저축해라, 아껴 써라."라고 말합니다. 그래도 아들이 배우고 싶어 하는 예체능은 시켜 줬죠. 큰아들이 기타를 배운다고 해서 중고 기타를 이만 원에 사 오기도 했습니다. 아빠의 이런 모습 때문일까요? 큰아들은 물건을 살 때 고민을 많이 합니다. 용돈 기입장도 열심히 씁니다. 원하는 것들을 다 못 사 줘서 아들들에게 미안할 때도 있습니다. 큰아들이 돈 걱정 없는 집이라고 말하니 제가 부자가 된 기분입니다.

큰아들의 말에 가슴이 벅차옵니다. 겨울바람은 차갑지만, 몸이 따뜻해집니다. 구구절절 아들 말에 답을 하려니 왠지 부끄럽습니다. 언제 이렇게 컸을까요? 조용히 머리를 쓰다듬어 주었습니다. 마스크를 쓰고 있으니 안경에 서리가 낍니다. 불편하고 둘만 있기에 마스크를 내리고 걸었습니다. 안경이 뿌옇게 변하지도 않는데 앞이 잘 안 보입니다. 넘어질까 봐 아들 옆에 붙어서 함께 걸었습니다.

초등학교 6학년인 큰아들은 레고, 게임을 좋아하는 어린이로만 보였습니다. 학년이 올라갈수록 부모 마음도 이해해주고, 자신의 미래도 고민합니다. 커 가는 아들에게 이런저런 말하기가 쉽지 않습니다. 함께했었던 일들에 대해 제 감정들을 블로그에 적었더니 아빠 마음을 알아주네요. 이미 지나간 일이라 생각했었는데, 큰아들 마음에 가족에 대한 사랑이 적금처럼 쌓여 있었군요. 이 정도면 큰아들은 긁지 않은 복권입니다.

4.

## 도심 속의 미션

 주말에 아이들과 함께할 놀거리는 뭐가 있을까요? 아이들의 호기심도 자극하면서 자발적으로 참여할 수 있는 놀이가 있으면 좋겠습니다. 게임처럼 미션을 주고 클리어할 때마다 보상을 주면 아이들이 좋아할 겁니다. 집 주변에서 할 수 있는 보물 지도를 만들었습니다. 일요일 오전 10시에 온 가족이 도심 속으로 모험을 떠났습니다. 둘이서 함께 옥신각신하면서 미션을 해결하는 모습을 보니 형제가 든든해 보입니다.

 코로나로 사람 많은 곳은 못 가겠습니다. 집에만 있자니 아이들이 태블릿만 보고 있고, 운동 가자고 해도 싫다고 합니다. 주말 점심으로

버거킹이 먹고 싶어집니다. 패스트푸드 먹으러 가자고 하니 마음에 걸립니다. 운동한 후에 보상으로 먹으면 마음의 부담이 줄 것 같습니다. 온 가족이 함께 동네를 걸을 수 있도록 미션 지도를 만들었습니다. 반쯤 뜬 눈으로 일어난 아이들에게 보여줬습니다. 아이들 눈이 바로 커집니다. 초롱초롱한 눈빛으로 제가 준 지도를 뚫어지게 봅니다.

미션: 햄버거를 찾아서.
Mission 1: 서초역까지 가라! 단 1) 번과 2) 번을 거쳐서 가라.
Mission 2: 3) 번과 4) 번에서 회복 아이템을 얻어라!
Mission 3: 5) 번과 버거킹을 비교해라!
Mission 4: 천국을 찾아서 가라!
Mission 5: 먹고 싶은 햄버거 가게를 결정해라!

Mission 1은 운동도 할 겸 난센스 퀴즈를 주었습니다. 문제의 답인 1) 번 서리풀 공원과 2) 번 대법원을 가려면 미도산을 지나야 합니다. Mission 2는 3) 번인 스타벅스와 4) 번인 CU 편의점에서 아이들이 먹고 싶은 것을 하나씩 고르게 해 줍니다. 체력 회복을 위해서죠. Mission 3은 수제 버거인 바스버거 매장을 찾아서 교대역 버거킹의 맛과 비교하게 하였습니다. 표현력을 늘려 주려고요. Mission 4는 지도 내에 있는 김밥천국을 찾는 것입니다. Mission 5는 김밥천국 근처의 햄버거 매장을 보여 주면서 원하는 햄버거를 고르라고 할 겁니다. 가장 만만한 매장은 버거킹입니다. 양 떼를 몰아가듯이 아이들을 제 목적지로 데려가는 코스를 짰습니다.

 일요일 아침 미션을 해결하기 위해 아이들이 분주하게 움직입니다. 운동 가자고 하면 싫다고 하더니 집 뒤의 미도산도 쉽게 넘어갑니다. 아이들의 흥미를 지속 유지하려고 Mission 2를 클리어한 후에 핫초코와 과자를 사 주었습니다. 제 계획대로 잘 따라오고 있습니다. Mission 4의 김밥천국까지 오면 길 건너에 있는 버거킹을 고를 겁니다. 온 가족이 동네를 한 바퀴 돌고 와퍼를 먹고 보람찬 기분으로 집에 오려고 하였습니다.

 아이들은 퀴즈도 풀고 프린트해 준 지도를 보면서 목적지를 찾아갑니다. 미션을 해결하는 방법을 보면 아이들의 특성이 보입니다. 공감각이 좋은 큰아들은 길과 지도를 요리조리 맞춰 봅니다. 주변을 두리번거리며 지도와 눈앞의 건물을 비교하면서 목적지로 향합니다. 둘째는 아빠가 뭘 찾게 했을지 생각하더니 장소를 찍어 맞춥니다. 의미심장한 눈빛으로 우리의 반응을 살핀 후, 지도도 안 보고 바로 목적지로 향합니다. 성격 나오더군요. 조심성 많은 큰아들은 목적지와 장소가 맞는지 체크하고 움직입니다. 직진남인 둘째는 먼저 가고 방향이 맞는지 확인합니다. 그러다 둘이 길 위에서 한판 붙었습니다. 스타벅스 앞에서 서로 지도를 돌려가면서 여기가 맞네, 저기가 맞네 하면서 둘이서 옥신각신 싸우더군요.

그 모습을 지켜보던 우리는 웃기만 했습니다. 저는 뜨거운 커피를 아무 생각 없이 마시다가 눈물도 살짝 났습니다. 둘이 한참을 말하더니 제가 생각했던 방향과 다른 길로 들어갑니다. 이렇게도 갈 수 있었군요. 근데 돌아가는 길입니다. 뒤에서 빠른 길을 가르쳐 주고 싶지만 둘이서 함께 찾은 방향이니 가만히 있었습니다. 결국은 목적지까지 가더군요.

Mission 4가 가리키는 장소인 김밥천국까지 왔습니다. 이제 오늘의 목적인 햄버거를 먹자고 했습니다. 둘째가 김밥천국의 메뉴를 보더니, 라면과 오므라이스가 먹고 싶다고 합니다. 저와 큰아들은 당연히 햄버거고요. 두 조로 나눠서 원하는 음식 먹고 다시 모이기로 했습니다. 햄버거를 먹으면서 저와 큰아들은 라면을 먹은 아내와 둘째를 '햄버거를 포기한 배신자들'이라 불렀습니다. 버거킹을 버리고 라면을 먹다니요. 용서할 수 없습니다.

　서로 원하는 점심도 먹고 미션도 클리어한 아이들은 기분 좋게 집으로 향합니다. 이제 게임만 하면 되거든요. 아이들은 원하는 거 먹었는데도 피자집 앞에서 서성거리고, 떡볶이집을 또 갈까 말까 고민합니다. 우리는 나란히 가는 형제 뒤를 따라갔습니다. 이제는 서로가 맞다고 다투던 모습도, 다른 거 먹겠다고 고집하던 모습도 없습니다. 피자와 떡볶이를 저녁으로 먹을까 함께 고민하는 먹깨비 두 마리만 둥둥 떠다니고 있습니다.

　집으로 가는 길이기에, 언덕길이나 횡단보도가 어디 있는지 아이들도 다 압니다. 우리는 신호등 조심해라, 천천히 가라고 뒤에서 꼬박꼬박 알려 줍니다. 우리는 아이들이 위험하지 않게 갔으면 합니다. 그러나 아이들과 우리가 가는 방법은 다를 겁니다. 뒤에서 아무리 말한다고 아이들이 우리가 가라는 대로 갈까요? 저는 부모가 가라는 대로 아이들이 갔으면 좋겠습니다. 제일 쉬워 보이니까요. 미리 알려 줘서 헛고생 안 하고, 아이들이 원하는 것들을 조금이라도 더 했으면 좋겠습니다. 아이들은 커 갈수록 우리에게 길을 물어보지 않습니다. 같이 가자고 해도 자기들끼리 소곤대며 걸어갑니다. 이제는 우리가 아는 길을 말해 줄 틈도 없습니다.

 둘이서만 걸어가는 것을 보니 아쉽기도 하지만 든든합니다. 티격태격해도 형제는 늘 붙어 다닙니다. 형이 신호등 앞에서 둘째 손을 잡아 주고, 형이 늦게 오면 둘째가 기다려 줍니다. 우리를 부르지도 않더군요. 함께 뚝딱거리면서 미션을 클리어했듯이, 문제가 생기면 우리 없이도 둘이서 잘 해결할 겁니다. 가족과 함께했던 미션 꽤 재밌습니다. 다음번엔 피자 먹으러 가야겠습니다.

## 5.

## 전교 부회장이 된 큰아들

아들들이 언제 불확실한 일에 도전해 봤을까요? 큰아들은 전교 임원 선거에 나갔을 때였습니다. 하라고 한 적은 없었습니다. 5학년 때에 학급 임원을 했었기에, 6학년이 되면 아마도 도전하지 않을까 싶었죠. 자기가 좋아해야 감투도 쓰는 거니 따로 말하지는 않았습니다.

역시나 6학년 초에 큰아들이 전교 임원 선거에 출마하겠답니다. 우리는 두 손을 꼭 쥐며 "파이팅!"이라고 외쳤죠. 혼자서 연설문도 쓰고, 발표 때 사용할 소품도 만듭니다. 저 어릴 때 선거와는 다릅니다. 두 주먹을 높이 들면서 크게 소리치면 상을 받던 시기였지만, 지금은 연설이 재미있어야 한답니다. 아이들 관심도 끌 소품도 있어야 하고요.

큰아들은 원통형 플라스틱 통과 종이, 막대를 준비합니다. 원통 안에 있는 종이를 뒤에서 막대로 밉니다. 쑥 나가는 종이를 가리키며, 여러분이 학교에 가진 불만을 이처럼 뻥 뚫어 준다고 합니다. 다음에는 '편견'이라고 쓴 붉은색 스티로폼 판을 반으로 부숩니다. 우리가 가지고 있는 편견을 이렇게 없애주겠다고 말합니다. 재미있더군요. 주말에 방에서 혼자 낑낑대더니만 언제 저런 걸 다 만들었을까요?

저희는 큰아들의 발표를 보면서 강조할 부분을 알려 주고 허리를 쭉 펴라는 등 자세를 교정해주었습니다. 정해진 시간 내에 발표할 수 있도록 말하는 속도도 조절해 주었습니다. 군대 행정병 시절에 배웠던 칼질로 큰아들의 소품도 깨끗하게 만들어 주었죠. 선거 전날 자신감을 가지고 당당히 하라고 했습니다. 열심히 준비했으니 안 되어도 괜찮다고 했지만 거짓말입니다. 아들이 당선되었으면 좋겠습니다.

코로나로 후보자 발표를 유튜브로 한답니다. 경쟁률은 2.3 대 1입니다. 왠지 아들이 될 것 같습니다. 이런 게 부모 마음이죠. 근무 시간이지만 아이들 발표를 조용히 들었습니다. 처음 세 명은 여학우가 발표합니다. 자기 이름을 단 머리띠, 아이패드 등 화려한 소품들을 가지고 나왔습니다. 말도 잘합니다. 손동작, 표정, 대사 전달력도 훌륭합니다. 발표 연습을 얼마나 했는지 충분히 알겠더군요. 발표도 잘하고,

공약도 명확했습니다. 남자아이들도 준비를 잘 해왔습니다. 여자아이들과 달리 우직함이 느껴집니다. 제가 너무 쉽게 생각했네요. 큰아들이 대충 준비한 것 같아 불안합니다.

    드디어 큰아들 발표입니다. 보자마자 "망했다."라는 말이 나왔습니다. 목까지 지퍼를 올린 두툼한 녹색 잠바를 입고 말하고 있습니다. 통통한 큰아들이 더 커 보입니다. 연설은 연습한 대로 잘했습니다. 이름도 정확히 말하고, 몸개그도 적당한 타이밍에 넣고, 소품들도 효과적으로 사용하였습니다. 자신이 하고픈 말을 명확하게 전달하였습니다. 타이머를 켜고 혼자서 몇 번을 연습하더니 효과가 있었군요. 고생한 아들에게 치킨 한 마리 사 줘야겠습니다.

    아들 얼굴 보고 나니 마음이 후련해집니다. 여학우들이 너무 잘했고, 큰아들도 할 만큼 했습니다. 다시 저는 회사 키보드만 열심히 치고 있었는데, 한 시간 뒤에 아내에게서 카톡이 왔습니다. 당선자 목록입니다. 전교 부회장에 큰아들 이름이 있습니다. 설마 했습니다. 온종일 붕 뜬 기분이었습니다. 집에 가자마자 큰아들을 꼭 안아 주었습니다. 오늘따라 팔을 더 펴야 아들을 안을 수 있었습니다. 스피치 학원도 가고, 연설문도 써준 부모들도 있다지만, 큰아들은 혼자서 준비했습니다. 괜히 미안해집니다.

예전 큰아들의 발표들이 생각납니다. 4학년 때는 학교 대표로 동화 구현 대회에 나갔습니다. 입상은 못 했지만, 큰아들이 남들 앞에서 말하는 거를 좋아하는 줄 처음 알았습니다. 5학년 때는 학급 임원에 나갔습니다. 면과 짜장이 잘 섞어야 맛있는 짜장면이 되듯이 자기가 반 아이들을 잘 섞이도록 만들겠다고 말합니다. 짜장면만 좋아하는 줄 알았는데 이렇게도 사용하는군요. 제가 도와줄 일이 없었습니다. 시간만 잘 지키라고 해 줬죠.

큰아들은 매년 남들 앞에 섰습니다. 우리는 옆에서 격려만 해 줬습니다. 하기 싫다는 거 시켰으면 아이들을 웃길 연설도, 소품들도 안 만들었을 겁니다. 자신이 도전했기에 스스로 생각해냈습니다.

큰아들은 대회에서 떨어져도 보고, 원하는 선거에도 도전하였습니다. 그리고는 초등학교 6학년 때 전교 임원이 되었습니다. 초등학교 전교 부회장이 되었다고 커서 회사 임원이 된다는 보장은 없습니다. 그러나 도전하고 준비해 온 과정은 아들의 기억에 남아 있을 겁니다. 함께 옆에서 도와주고 격려해 준 부모와 당선된 날 먹은 치킨도 생각날 겁니다. 이런 경험들이 쌓여 도전할 일이 있으면 언제든 손을 번쩍 들 겁니다. 스스로 키워 온 큰아들의 자신감은 어려움을 극복할 힘이 되겠죠.

둘째가 형의 발표를 보더니, 반장 선거에 나갔습니다. 형 연설문도 따라 합니다. 친구들 앞에 섰을 때 너무 무서워서 다리가 흔들거렸답니다. 반장이 되었습니다. 부모가 말하지 않아도 아이들은 스스로 커 갑니다.

6.

## 책을 읽을 줄 몰랐던 아들

"부모가 책을 좋아하면, 아이들도 책을 봅니다."

맞을까요? 제 경험으로는 반반입니다. 저는 책을 좋아합니다. 아이들도 책을 잘 볼 줄 알았습니다. 하지만 아들 둘 모두가 책을 좋아하지는 않습니다. 예전 TV 프로에서 개그맨이 말했던 게 기억나네요. 아빠가 책 읽는 모습을 보여 주면 좋다고 해서, 평상시 안 읽던 책을 보다가 배에 올려놓고 잤답니다. 아들도 똑같이 누워서 책을 배에 두고 자더랍니다. 아이들이 책 보게 하기 참 어렵습니다.

우리도 아이들이 책을 읽게 하려고 여러 방법을 썼었습니다. 어렸을 때는 헝겊 책으로 놀아줬고, 매일 책을 읽어 주었습니다. 집 거실에는 TV 대신 책장을 놓았습니다만, 아이들이 심심하다고 책을 빼 보지는 않습니다. 재미있는 장난감, 태블릿들이 주변에 있으니까요. 아이들이 책을 보게 하려면 어떻게 해야 할까요? 두 아들은 책 읽는 방법이 달랐습니다. 아이들에 맞춰서 책을 읽게 하니, 책보는 시간이 점점 늘어납니다.

큰아들은 초등학교 1학년 중간에 영국에서 한국으로 들어왔습니다. 학교에 가니 처음 보는 교과서에 모르는 단어들이 많습니다. 부뚜막, 갓, 도깨비가 뭔지 물어봅니다. 글은 읽지만 무슨 내용인지 모르겠답니다. 국어만의 문제가 아닙니다. 수학도 긴 문제를 읽지 못해 무슨 내용인지 모르겠답니다.

큰아들에게 매일 정해진 시간 동안 책을 보게 했습니다. 소파에 반쯤 누워 책을 봅니다. 눈동자는 가만히 있는데 책장만 가끔 넘어갑니다. 시간을 다 채우면 책을 바로 덮습니다. 내용을 물어보면 그럭저럭 말합니다. 책을 제대로 읽었는지 잘 모르겠습니다. 아내가 그림을 보고 내용을 때려 맞추는 것 같다고 합니다. 책은 안 읽고 시간만 채웁니다. 방법을 바꿨습니다. 하루에 읽을 권수를 정해 줬습니다. 이번에는 봤었던 책이나 둘째가 읽는 쉬운 책만 가져옵니다. 이미 아는 내용이니, 휙 보고는 책을 덮습니다. 아내는 이런 모습을 보면서 한숨만 쉽니다. 아들이 이런 부모 마음을 알 리 없습니다. 책을 읽으라고 해도 요령만 피웁니다.

영국까지 다녀왔는데 영어도 놓칠 수 없습니다. 영어책 읽기 학원을 보냈습니다. 갈 때마다 정해진 양을 읽어야 한답니다. 학원 끝날 때면 CD로 배운 부분을 들려주고, 모르는 내용은 선생님이 설명해 줍니다. 이상합니다. 영어 학원을 보냈는데 국어책을 보는 시간도 조금씩 늘어납니다. 우리가 모르는 읽기 비법이 있는 듯합니다.

그제야 알겠더군요. 큰아들은 책을 귀로 읽는 아이였습니다. 우리는 책을 보라고 주기만 했을 뿐, 읽어 주지는 않았습니다. 다 컸으니 책을 혼자 봐야 하는 줄 알았습니다. 하지만 영어 읽기 학원은 책 내용을 CD로 들려주고, 모르는 내용도 선생님이 알려 줍니다. 큰아들은 책을 귀로 읽은 후 눈으로 보는 아이였습니다. 우리는 집에서 책만 주었죠. 모르는 단어나 내용을 설명해 주지 않았습니다. 이제 자신만의 책 읽는 방법을 안 큰아들은 우리에게 읽어 달라고 하지 않습니다. 책 보는 시간이 조금씩 늘어납니다.

큰아들의 책 읽는 방법을 이제야 알았습니다. 이제는 엄마가 밤마다 30분씩 읽어 줍니다. 책은 어렸을 때만 부모가 함께 보는 줄 알았습니다. 엄마가 읽어 주는 책을 들으며 큰아들은 이것저것 물어봅니다. 둘이서 웃으며 이야기합니다. 엄마가 나오면 나머지 부분을 침대에 누워서 봅니다. 큰아들이 책을 읽기 위해서는 이런 과정이 필요했습니다. 반면, 둘째는 밤마다 책을 혼자서 읽습니다. 우리가 읽어 준다고 하면 시끄럽다고 싫어합니다. 둘째는 책을 눈으로 보는 아이입니다. 책 읽는 방법이 아들마다 달랐습니다. 그것도 모른 채 앉아서 책만 보라고 강요했었죠. 우리만의 착각이었습니다.

이제는 큰아들에게 책 보라고 말하는 대신, 함께 읽거나 책 읽는 다양한 방법을 알려 줍니다. 독서 토론 학원에서 주는 책은 어렵습니다. 한 권을 다 보기 쉽지 않습니다. 밑줄 긋기, 귀접기, 페이지 위아래 빈칸에 생각 적기 등을 하면서 제가 먼저 읽었습니다. 들어가는 글과 목차를 읽고 필요한 내용만 먼저 보는 방법도 보여 줍니다. 아내도 매일 조금씩 읽어 줍니다. 큰아들은 책이 어려워도 안 읽는다고 말하지 않습니다.

이렇다고 큰아들이 독서광이 되지는 않았습니다. 다만, 책을 싫어하지는 않기에 다행입니다. 둘째는 책을 좋아합니다. 자기 학년보다 높은 책도 읽고, 같은 책을 몇 번씩 읽기도 합니다. 서로 책 읽는 방법이 다를 뿐입니다. 우리 기준대로 정해진 양을 보라고 하지 않습니다. 자신의 방법대로 자신의 양만큼 읽으면 됩니다.

    어벤져스가 타노스한테서 지구를 지키는 시대입니다. 게임도 해야 하고 학원 숙제도 많습니다. 책 볼 시간이 부족합니다. 우리는 아이언맨 몰라도 되고, 해리포터도 영화 대신 책 먼저 보라고 합니다. 우리가 말한 대로 아이들이 따라 하지 않습니다. 책을 억지로 읽으라고 하면 하얀 바탕의 까만 줄만 보고 있을 겁니다. 우리가 원하는 대로 책 안 봐도 됩니다. 어려운 책 안 읽어도 됩니다. 자신의 방법으로 꾸준히 책을 읽었으면 합니다. 우리 일은 서점 자주 가고, 책 많이 읽고, 함께 듣고 이야기해 주는 것까지입니다.

7.

## 둘째의 백 일 간의 도전

    아들들에게 가르쳐 주고 싶은 성품들이 있습니다. 자상함, 적극성, 리더십 등을요. 저는 아이들이 성실함을 먼저 익혔으면 합니다. 사전을 찾아보니 근면 성실의 뜻은 '부지런히 힘써 일하며 정성스럽고 참됨'이라고 합니다. 이렇게 말해 주면 아이들은 알까요?

    글자 뜻은 가르쳐 줄 수 있지만, 성실함을 직접 느끼게 할 방법은 모르겠습니다. 꾸준히 좋은 습관을 들이기 위해 노력하면, 성실함을 배울 수 있으리라 생각했습니다. 스티븐 기즈의 《습관의 재발견》을 읽었습니다. 작은 습관을 정하고 계획을 세우랍니다. "왜?"라고 물어보고 적당한 보상을 주면, 뇌가 변화에 익숙해져서 원하는 습관이 몸에 붙는답니다. 쉬운 일은 아닙니다.

    둘째가 초등학교 3학년 때입니다. 놀고만 싶고 공부하기는 싫습니다. 아내는 공부 습관을 붙이기 위해 매일 조금씩 문제집을 풀게 했습니다. 둘째 엉덩이에 풍선이 달려 있나 봅니다. 의자에만 앉으면 온몸을 들썩거립니다. 연산 문제를 풀 때는 온몸이 꽈배기처럼 됩니다. 입을 쑥 내민 채 책상 위에 다리를 올려놓고 손만 끄적이기도 합니다. 아내는 매일 조금씩 풀어보라고도 하고, 하루에 30분이라도 공부해 보자고도 합니다. 어렸을 때부터 엉덩이 힘을 길러 주어야 한다지만, 둘째가 엄마 마음을 알 리 없죠. 아들 옆에 앉아 있는 엄마는 호객용 공기 인형처럼 손을 열심히 흔들어대며 아들을 꾀어봅니다. 인형 때문에 가게에 들어가는 사람은 없듯이, 아들도 쉽게 넘어오지 않습니다.

    둘째는 수학 문제집에 이상한 낙서도 하고, 책을 찢기도 했습니다. 그대로 둘 수 없습니다. 책에 나온 대로, 온 가족이 매일 실행할 습관 하나와 이유를 적었습니다. 둘째는 '하루 한 문제라도 수학 문제를 풀자(매일 12시 전까지 인증).' '왜? 미래엔 똑똑하면 많은 직업을 가질 수 있을 것 같아서.'라고 적어 놨네요.

하루에 수학 한 문제입니다. 쉽습니다. 이거라도 꾸준히 하라고 격려해줬죠. 아내 얼굴은 딱딱하게 굳어집니다. 둘째가 딱 한 문제만 할까 봐 걱정된답니다. 지금도 공부량이 적은데 어떻게 더 줄이냐며 답답해합니다. 맞습니다. 그러나 한 문제가 두 문제 되는 날이 올 겁니다. 수학 공부에 대한 거부감이 조금씩 없어지면 정해진 양을 꾸준히 하는 날이 올 거라고 말했습니다.

민이에게는 작은 습관이기에 하루도 빼먹지 말라고 했습니다. 엉덩이 풍선에 바람이 빠졌나 봅니다. 의자에 앉아서 매일매일 하루에 한 문제를 풉니다. 대신 엉덩이 풍선이 아내 입으로 옮겨왔습니다. 열심히 한숨만 쉬고 있습니다. 엄마가 하나만 더 해 보자고 하면 아빠가 한 문제만 풀어도 된다고 했답니다. 아내의 차가운 눈빛이 느껴집니다. 며칠이 지나도 하루에 한 문제만 합니다. 뇌가 수학 문제 푸는 것에 익숙해져서 공부량이 많아질 줄 알았는데 아니군요.

공부 시간이 늘어나지는 않았지만, 석 달 동안 둘째는 꾸준히 습관을 실천했습니다. 이런 끈기가 있는 줄 몰랐습니다. 하루는 수학 숙제를 저에게 설명해 보라고 해 봤습니다. 자신이 문제를 만들었는데 매번 답이 달라집니다. 연습장에 손을 꼼지락대면서 풀어봅니다. 또 틀립니다. 답답하면서도 귀엽습니다. 문제는 틀려도 매일 자신과의 약속을 지키는 게 어딘가요.

주말에 놀러 갔다가 깜박 잊고 둘째가 수학 문제를 못 한 날이 있었습니다. 민이 눈에서 눈물이 폭포처럼 쏟아집니다. 우리는 해야 할 습관이 있는지도 모르고 있었기에, 어떻게 위로를 해 줘야 할지 모르겠습니다. 저도 호객 인형이 되어서 둘째 옆에서 '괜찮아'라면서 손만 흔들고 있었습니다.

습관을 매일매일 적기 위해 파워포인트로 양식을 만들어서 벽에 붙여 놓았었습니다. 매번 프린트하기도 귀찮고 종이도 지저분해집니다. 더러운 종이를 보니 작은 행동들이 더 하기 싫어집니다. 네이버를 찾아보니, 우리가 원하는 양식을 책으로 파는군요. 제목이《우리 아이 100일 습관 노트》입니다. 습관 선언문, 긍정 선언문, 꿈의 시각화, 하루에 습관 세 개를 적는 표가 있습니다. 디자인도 좋고 매일 실천할 마음이 생길 것 같습니다.

둘째에게 책을 주면서 다시 해 보자고 했습니다. 수학 15분, 글쓰기 5분, 계획표 체크 1분을 하루 습관으로 적었습니다. 민이는 7월 11일부터 100일이 되는 10월 23일까지 단 하루도 빼먹지 않고 했습니다. 아내가 칭찬은 가끔 해 줬지만 둘째는 싫으면 안 했을 겁니다. 100일 동안 둘째가 "싫어."라고 말한 적은 없었습니다.

책에 부모가 피드백을 적는 칸이 있습니다. 저는 몇 번 쓰다가 8월 18일 이후로는 기록하는 것도 잊었습니다. 부모가 알아주건 말건 둘째는 매일 자신과의 약속을 지킵니다. 방학이 되니 시간이 많아집니다. 엄마가 일주일 시간표를 적어서 책에 붙여 놓았습니다. 공부량이 늘어났지만 매일 꾸준히 합니다. 성실해졌습니다.

하루도 빼먹지 않고서 100일이 되었습니다. 아내는 습관 노트 적기를 하다 그만두었습니다. 저도 아이 피드백을 쓰다가 말았고요. 둘째는 멈추지 않았습니다. 지난번 습관도 둘째만이 꾸준히 했습니다. 장하다고 칭찬해 주었더니 엉덩이에 있던 풍선이 위로 올라가며, 둘째 가슴이 크게 부풀어 오릅니다.

우연히 둘째의 습관 노트를 펼쳐 보았습니다. 아이 생각을 쓰는 칸이 중간에 있었군요.

'8월 13일: 여행 가서도 대체 습관을 해서 뿌듯! / 8월 29일: 50일째 반 성공! /9월 14일: 66일 차 해서 뿌듯. / 10월 11일: 조금만 더 하면 100일! /10월 18일: 감격 또 감격.'이라고 둘째가 적어 놓았습니다. 둘째가 적은 문장에 자꾸 눈이 갑니다. 이렇게 자랑스러워할 줄은 몰랐습니다. 성실함 외에 자존감도 배웠군요.

습관 노트 채우기는 끝났습니다. 또 하고 싶었지만, 둘째와 아내가 자신들의 방법대로 하겠답니다. 하루 습관을 못 할 때도 있고, 주말에 몰아서 하기도 합니다. 이제는 문제집을 찢거나 이상한 낙서를 하지 않습니다. 예전처럼 책상 앞에서 짜증도 내지 않습니다.

습관 노트를 썼다고 우리가 기대했던 만큼 둘째가 공부하지는 않습니다. 그래도 노트에 '뿌듯'이라고 적으면서 꾸준함을 배웠습니다. 때가 되면 자리에 앉을 겁니다. 옆에서 아내가 툴툴댑니다. 저는 아이들에게 좋은 말만 하고, 자기는 매일 아들들과 다투기에 힘들다고요. 아내랑 '서로 예쁜 말만 하기.' 습관을 실천해 봐야겠군요. 뜯지 않은 습관 노트가 아직 두 권 남아 있습니다.

8.

## 둘째는 책을 두 권이나 쓴 작가입니다

아이들은 좋아하는 것들이 다릅니다. 큰아들은 만들기를, 둘째는 글쓰기에 관심이 많습니다. 큰아들은 레고처럼 손으로 만드는 것들을 설명서만 보면서 뚝딱뚝딱 조립합니다. 둘째는 책을 쓰고 싶답니다. 어렸을 때는 둘째의 그림들을 모아서 스테이플러로 찍어주면 되었습니다. 이제는 자신만의 진짜 책을 가지고 싶답니다. 교보문고에서 자기 책이 팔리기를 원한 것은 아니었습니다. 자신의 이야기를 글로 말하고 싶어 했습니다. 둘째 눈높이에 맞춰 책을 만들다 보니 벌써 두 권이나 나왔습니다.

둘째는 초등학교 2학년 때 첫 번째 책을 썼습니다. 제목은 《넓적

사슴벌레 넓적이 vs 헤라클레스 장수풍뎅이 헤라클》입니다. 책이라기보다는 사진 사이트를 통해 만든 포토북입니다.

  책을 내고 싶다는 둘째에게 저는 책 내는 방법을 모른다고만 했습니다. 둘째는 출판사에 연락해 보라고, 책 만드는 곳에 가면 되지 않느냐고 계속 물어봤습니다. 안 된다는 말은 이제 통하지 않습니다. 찍스라는 사진 사이트에 접속했습니다. 사진과 간단한 글만 있으면 포토북을 만들 수 있습니다. 둘째가 종이에 그린 그림을 사진으로 바꿔서 올렸습니다. 사진 옆에 간단한 글도 쓸 수 있습니다. 둘째가 쓴 내용을 옆에다 적어줬습니다. 한 달 뒤에 책이 배달되었습니다. 작은 사진첩입니다. 책이라고 하기에는 미안하더군요. 둘째는 포토북에 찍혀 있는 바코드를 보며 진짜 책이라며 주변 사람들에게 자랑합니다. 출판사 이름이 없다면서 책에 네임펜으로 'ZZixx'라고 적어 놓습니다. 우리가 생각하는 책이 아니어도 되었네요. 자신의 이야기가 담기면 되었습니다. 주변 엄마들이 "이 작가"라고 불러 줍니다.

  둘째는 첫 작품이 좋았는지, 두 번째 책을 쓰고 싶답니다. 이번에는 진짜 책을요. 어떻게 해야 하나요? 아는 출판사 사장님도 없고, 출간 방법도 모르겠습니다. 아들에게 이번에는 정말 힘들다고 말해줬습니다. 둘째는 알겠다고 하지만 며칠 후 다시 책을 내 달라고 합니다.

말로 해결될 일이 아닙니다. 궁하면 통한다고 그림책을 출간해 주는 곳을 찾았습니다. '바퀴 달린 그림책'이란 미술 학원입니다. 학원에서 그림을 그리고 글을 쓰면 같은 회사의 출판사에서 책으로 만들어 준답니다. 그림도 배우고 책도 낼 수 있다니 좋습니다.

코로나로 빠진 날도 많았지만 매주 토요일마다 학원에 갔습니다. 집에 올 때 둘째는 책 내용을 띄엄띄엄 설명해 줍니다. 어떤 책이 나올지 궁금해지더군요. 1년 동안 고생하더니 드디어 책이 집으로 배달되었습니다. 둘째는 자신의 책을 보며 뿌듯해합니다. 이제야 책 내용을 다 보게 되었습니다. 둘째가 1년 동안 무엇을 좋아했는지 알겠더군요. 도마뱀을 사 달라고 조르더니, 책의 악당은 도마뱀이 방사능으로 변한 괴물입니다. 고질라와 킹키도라를 좋아했습니다. 둘과 비슷한 괴물이 서로 싸웁니다. 곤충 도감을 열심히 보았습니다. 악당 괴물은 곤충처럼 겉 날개와 속 날개도 있습니다. 마스크로 인한 환경 오염을 걱정하였습니다. 나쁜 괴물은 쓰레기를 먹는데, 사람들이 재활용을 잘해서 먹을 게 없어서 죽는답니다. 어디선가 본 내용 같지만 둘째만의 그림과 글로 자신만의 이야기가 만들어졌습니다.

솔직히 책을 만들어 달라고 했을 때 귀찮았습니다. 좀 기다리면 은근슬쩍 넘어갈 줄 알았는데 아닙니다. 생각날 때마다 말하더군요. 제가 계속 안 된다고 말했으면 둘째의 두 번째 책은 세상에 없었을 겁니다. 책만 안 나왔다면 그래도 다행이었을 겁니다. 아빠는 아무리 말해도 안 들어주는 사람이라고 생각했을지도 모르죠.

 아이들에게 원하는 것을 하고 꿈을 가지라고 자주 말합니다. 우리가 바라는 꿈들인 의사, 변호사 등 전문직이 되었으면 합니다. 아이들이 원하는 직업은 아니죠. 둘째는 고비 사막에서 공룡을 찾아서 인싸가 되고 싶답니다. 우리는 은근히 돌려서 권합니다. 고비 사막에서 화석을 찾기는 어려우니 공룡과 비슷한 것을 만들어 보는 것은 어떠냐고요. 영화 〈쥬라기공원〉처럼 유전 공학을 공부하면 어떠냐고 말해 봅니다. 아이들의 꿈을 우리가 원하는 대로 슬쩍 유도합니다. 우리야 아이들 생각해서 그러는 거죠. 벌레를 무서워하는 둘째가 고비 사막에서 곤충들로 고생 안 했으면 좋겠습니다. 둘째는 더위에도 약합니다. 초여름만 돼도 얼굴이 벌게져서 바깥에 오래 있지 못합니다. 무더운 고비 사막에서 쭈그리고 땅 파면 쓰러질지도 모릅니다. 에어컨 있는 사무실에서 편안하게 원하는 공룡을 만들었으면 합니다. 둘째에게 안 일어날지도 모르는 일에 힘들어할까 봐 우리는 쉬운 길을 벌써 알려 주고 있습니다. 세 번째 책은 그림 없이 글만 있는 책을 내고 싶답니다. 머리를 쥐어뜯으며 키보드만 치는 작가의 모습이 떠오릅니다.

세 번째 책을 만들어 줘야 할지 고민됩니다.

    아이들이 해 달라는 것들은 자신의 꿈을 찾아가는 과정입니다. 해 봐야 자신이 원하는 것이 뭔지 알 겁니다. 우리가 미리 결정해 줄 필요는 없습니다. 자신들이 찾아가겠죠. 꿈을 향해 가는 길은 쉽지 않을 겁니다. 공부도 더 해야 할 거고, 실패도 있을 겁니다. 주변 사람들 때문에 힘들 수도 있습니다. 하지만 좋아해야 그 과정들을 참을 수 있을 겁니다.

    두 번째 책도 쉽지 않았습니다. 토요일 아침마다 늦잠도 못 잡니다. 원하는 모습을 표현하려고 몇 시간 동안 한 페이지만 그렸답니다. 미술 학원 선생님이 무섭다고도 합니다. 그래도 자신이 좋아하기에 참고 책을 만들 수 있었습니다. 저는 차 안에서 기다리고만 있었습니다. 투덜대더라도 둘째가 알아서 했습니다. 커서도 좋아하는 일이라면 혼자서 해결할 겁니다. 내리쬐는 고비 사막에서 벌레 피해 가며 공룡 찾는 방법은 둘째가 알아서 찾아낼 겁니다. 자기가 좋아하는 일이니까요. 미리 걱정하지 않겠습니다. 둘째의 꿈을 응원합니다.

제5장

아빠 아들이라 행복해

## 1.

## 불안과 비교는 일심동체

　초등학교에서는 아이들의 석차가 나오지 않습니다. 6학년, 4학년이 된 아이들 학업 수준이 궁금합니다. 가늠할 방법은 있습니다. 학원 레벨 테스트를 보면 됩니다. 지금 신청해도 2~3개월 뒤에 시험을 볼 수 있답니다. '선 예약, 후 공부'입니다. 테스트가 있으면 아이들이 공부할 줄 알았지만, 아니더군요. 시험 끝나고 사 준다는 장난감이나 치킨에 관심을 더 가집니다. 학원의 좋은 점들을 조목조목 말해 줍니다. 반응이 영 시원찮습니다. 왜 그럴까요? 아이들은 남들과 성적을 비교하지 않기에 유명한 학원에 가야 할 이유가 없었습니다. 자신이 좋아하는 일을 할 때는 비교하고 노력하지만, 공부는 그렇지 않았습니다.

큰아들이 산만하다고 생각했습니다. 남자아이들은 보통 그렇다고 하니까요. 책상에 앉아 있어도, 머릿속에는 게임 생각만 있을 겁니다. 책을 잠깐 보더니, 부엌에 가서 냉장고를 열고 화장실도 다녀옵니다. 앉아 있으면서도 주변 참견을 다 합니다. 그때마다 우리는 늘 "집중해라."라고 했죠.

큰아들이기에 기대도 커집니다. 학원 많이 다니는 친구들 이야기도 해 줍니다. 아이들을 명문대에 보낸 부모들의 경험담을 책이나 유튜브로 봤습니다. 벤치마킹을 잘하면 우리 아이들도 그렇게 될 줄 알았습니다. 하지만 아이들은 스스로 공부한다고 말하지 않습니다.

큰아들의 6학년 겨울 방학 첫날입니다. 내년이면 중학생이 되니 중요한 시기랍니다. 엄마가 만들어 준 방학 시간표가 벽에 붙어 있습니다. 숙제 양을 봐서는 수학 숙제를 주말 동안 나눠서 해야 합니다. 그런데 일요일만 하고는 공부를 다 했답니다. 토요일에는 책상에 앉는 거를 못 봤었는데요. 효과적으로 공부한 줄 알았습니다. 아닙니다. 일요일 시간표대로만 했습니다. 토요일은 지나간 날이라 안 했고요. 당연히 숙제를 다 못해갔답니다. 아내는 허탈해하고 저는 안타깝습니다. 하지만, 누구 탓도 아닙니다.

수학 학원이 끝나는 밤 10시에도 대치동에서는 아이들이 공부하고 있을 겁니다. 그런 애들과 비교하면 큰아들 공부량이 부족해 보입니다. 문득 지난주 큰아들이 한 말이 생각납니다.

"아빠, 난 여기 수학 학원이 좋아."

대치동 유명 학원의 분원도 아니고 큰 학원도 아닙니다. 초등학교 6학년은 큰아들 한 명밖에 없답니다. 6학년이면 선행을 나가야 하기에 시스템이 잘 갖춰진 학원에서 진도를 빼고 있어야 합니다. 괜히 작은 학원에 보냈나 후회도 됩니다. 지금이라도 다른 아이들처럼 빡짝 조여야 하나 고민도 되지만, 2년 전에 해봤습니다. 큰아들은 책상에 멍하니 앉아 있었고, 선행이 어렵다고 엄마와 많이 싸웠습니다. 딴 애들은 다 한다는데 우리 아들은 왜 못하는지 이해가 안 되었습니다.

내가 비교한다고 우리 아이들이 남들처럼 공부하지 않더군요. 남들과 비교하면서 스스로 부족한 부분을 채우려고 노력할 때도 있습니다. 자기가 좋아하는 종목에서요. 큰아들은 게임 유튜버 준(JUNE)을 열심히 봤습니다. 전략을 잘 짜 준답니다. 꼼꼼히 보고 잘 따라 합니다. 둘째는 종이접기 유튜버를 열심히 모니터링합니다. 아이들도 남들과 비교하고 자극도 받습니다. 자기가 좋아하는 분야에 대해서요. 우리가 잘했으면 하는 분야는 남들과 비교하지 않습니다.

왜 우리는 남들과 비교했을까요? 불안해서요. 다른 아이들보다 못할까 봐, 기회를 놓칠까 봐 걱정되었습니다. 대치동에서는 지금도 늦게까지 공부하고 주말에도 학원가는 아이들이 있을 겁니다. 남들만큼 해야 한다고 말했습니다. 주변과 비교할수록 더 불안해졌습니다.

왜 아이들은 남들과 비교했을까요? 잘하고 싶어서요. 우리가 말하지 않아도 스스로 노력하였습니다. 레고도, 게임도 잘하고 싶어서, 아이들은 시키지 않아도 비교하고 따라 했습니다. 우리도 압니다. 비교한다고 아이들이 더 잘하지 않는다는 것을요. 그러나 불안해서 자꾸만 비교하게 됩니다. 남들과 비교하니 끝이 없더군요. 비교 대상을 바꿨습니다. '남들'이 아닌 '어제의 너희들'로요.

잔소리와 아이들 공부량은 비례하지 않습니다. '더 해야만 하는데. 여기까지는 풀어야 하는데.'라고 아이들에게 말해 주려고 했습니다. 대신 오늘 하루 열심히 살았냐고, 어제보다 조금 더 좋아졌냐고 아이들에게 물어봅니다.

큰아들은 수능까지 6년이 남았습니다. 대학을 가서도 공부해야 합니다. 취업해도 계속 배워야만 합니다. 평생 공부 시대입니다. 주변과의 비교 때문에 책상에 앉았다면, 그 대상이 없어지면 책상에 앉을 이유도 사라질 겁니다. 하지만 '어제의 나'는 늘 있습니다. 오늘 조금 나아진다면 내일은 더 좋아질 겁니다. 자신과 비교하면서 꾸준히 노력한다면 자기만의 공부 이유를 찾을 겁니다.

우리가 비교 대상을 바꾸었다고, 아이들이 책상에 바로 앉지는 않습니다. 그건 아이들의 몫이고, 멀리 떨어져서 불안을 참는 것은 부모의 일입니다. 대신, 아이들이 도와 달라고 하면 우리는 기꺼이 달려갈 겁니다.

2.

## 부모보다 더 클 아이들

큰아들의 꿈은 로봇 공학자, 둘째는 공룡 박사입니다. 큰아들은 보스턴 다이내믹스 같은 회사에 가서 로봇을 만들고 싶다고 하고, 둘째는 한국의 유명한 공룡 박사인 이융남 교수처럼 되고 싶다고 합니다. 아이들 꿈은 자주 바뀐다고 하지만 우리 아이들은 항상 똑같습니다. 의사가 꿈인 아이의 친구들도 있습니다. 집 주변에는 법원과 변호사 사무실도 많습니다. 큰아들에게 의사나 변호사는 어떠냐고 물어보지만, 로봇 공학자가 되겠답니다.

둘째는 고비 사막 가서 공룡을 발견하는 게 꿈이라고 합니다. 둘째는 벌레도 싫어하고 더위에 약합니다. 유전자 공학자가 돼서 사무실에서 공룡을 만드는 건 어떠냐고 꼬셔 봅니다. 공룡을 만들면 그것도 좋다고 합니다. 고비 사막은 잊었나 싶었지만, 다시 가겠답니다.

아이들 꿈이 늘 명확해서 좋습니다. 북극성을 보고 항해를 했던 예전의 선원들처럼, 꿈이 또렷하면 돌아가더라도 자신의 원하는 길을 찾아갈 겁니다. 저와는 다르게요.

저는 고등학생 때 영화감독이 되고 싶었습니다. 그러나 공대를 갔습니다. 말만 영화감독이 꿈이라고 했었나 봅니다. '남자는 이과', '이과면 공대'라며 대학교에 들어갔습니다. 입학하고 나니 제 꿈인 영화감독이 생각나더군요. 공대생이 영화감독을 하려니 어려워 보였습니다. 영화 평론가가 멋져 보입니다. 마침 영화 전문 잡지인 〈씨네 21〉이 출간되었습니다. 꼭 영화를 만들지 않더라도 영화와 관련된 일을 할 수 있겠더군요. 케이블에서 영화와 관련된 방송도 보고, 대학로에 있던 예술 영화 전문극장에도 종종 갔었습니다. 〈라디오 헤드〉, 〈화니와 알렉산더〉와 같은 컬트, 예술 영화도 보았습니다. 잉그마르 베르히만이라는 스웨덴 영화 거장 이름을 외우면서 영화를 좋아한다고 생각했습니다. 그러나 지금은 반도체를 만드는 회사에 다니고 있습니다. 책장에도 영화와 관련된 책은 없습니다. 재테크와 아이들 교육 관련된 책들뿐입니다. 영화는 넷플릭스에서만 보고 있습니다. 영화를 소개해 주는 유튜버도 구독하고 있지만 제가 영상을 만들고 싶지는 않습니다.

영화감독이 제 꿈이었을까요? 아닌 것 같습니다. 제 꿈이었다면 시간이 걸렸더라도 영화와 관련된 일을 했었을 겁니다. 프로게이머나, 유명 유튜버가 되고 싶다고 말하는 아이들처럼, 영화감독은 나에게 멋져 보이는 직업의 하나였을 뿐이었습니다.

우리 아이들은 어떤가요? 큰아들이 로봇 공학자가 되고 싶다고 말한 지는 벌써 3년이 지났습니다. 큰아들이 자주 말하니 도와주고 싶습니다. 로봇을 만드는 방과 후 수업과 로봇 학원도 보냈습니다. 저 어렸을 때는 과학 상자가 전부였는데, 이제는 모터를 이용해서 무선으로 움직이는 거미 로봇, 포클레인 로봇 등을 만듭니다. 집에서는 자기 작품을 자랑합니다. 우리의 칭찬이 늘어날수록 큰아들은 로봇을 더 좋아하게 됩니다. 가족 발표를 해도 큰아들은 늘 로봇입니다. '보스턴 다이내믹스'란 회사를 처음 알았습니다. 큰아들은 그 회사의 로봇 제품군도 미리 찾아보았더군요. 아이들이 꾸준히 좋아하는 게 있어서 기쁠 뿐입니다.

요즘 로봇 공학자에 대한 큰아들의 목표가 흔들립니다. 손으로 무언이든 만들기를 좋아해서 로봇 공학자가 되고 싶어 했습니다. 물리적인 로봇 만들기는 다 해 보았습니다. 코딩 등 소프트웨어를 해야 하지만, 손으로 만져 볼 수가 없어서 흥미가 떨어지나 봅니다. 학원에서도 컴퓨터만 보며 수업을 하니 재미없다고 합니다. 다른 곳을 찾아보려고 해도 모르겠더군요. 학원에 상담해 보니 큰아들에 맞춰 공부하는 내용을 바꿔보겠다고 합니다. 목표가 생기니 아들 눈빛이 변합니다. 꿈이 있기에 코딩을 다시 하고 싶어지나 봅니다.

둘째는 어떤가요? 어렸을 때는 커서 공룡이 된다고 했습니다. 전국의 자연사 박물관을 찾아가고, 장난감도 선물도 무조건 공룡입니다. 집에 있는 공룡 인형도 절대 못 버리게 합니다. 공룡과 비슷한 도마뱀도 키우고 싶다고 하고, 서점을 가도 공룡 관련된 책만 가져옵니다. 이미 산 책 같은데 새로운 거랍니다. 저희는 잘 모르겠더군요. 글을 써도 공룡, 책을 만들어도 공룡이 나옵니다. 공룡을 정말 좋아하는군요.

아이들 꿈은 잘 바뀐다고 합니다만, 큰아들이나 둘째는 여전합니다. 저나 아내는 남들도 원하는 직업을 가졌으면 좋겠습니다. 의사, 변호사, 기업가처럼요. 아니면 대기업을 다니거나요. 아이들이 고생 안 하고 편하게 살았으면 좋겠습니다. 아이들이 미래에 되고 싶다는 게 있고, 어렸을 때부터 관심을 보이는데 부모가 어떡하겠습니까?

사십 대 후반인 저는 지금도 꿈을 찾고 있습니다. 아이들이 제 나이가 되었을 때는 자기 꿈이 뭔지 고민하지 않았으면 좋겠습니다. 로봇 공학자가 안 될 수도 있고, 공룡 관련된 일을 안 할 수도 있겠죠. 그러나 어렸을 때부터 꿈을 찾아가는 여행을 해 본 아이들이면, 언제라도 자신의 목표를 향해 나아갈 수 있을 겁니다. 아이들은 우리보다 더 클 겁니다. 키는 당연하고 꿈의 크기도요. 우리는 아이들이 자신의 꿈을 잊어버리지 않도록, 옆에서 꾸준히 알려 주고자 합니다.

3.

## 너희의 일은 너희가

　부모와 아이들의 역할이 바뀔 때가 많습니다. 아들들 장난감 정리하고, 밥 먹는 일에 우리가 화내고, 아이들 숙제에 우리가 초조해집니다. 아들들은 별로 걱정을 안 하는데요. 아이들의 일에 왜 우리가 화내고 답답해할까요? 나쁜 짓을 한 것도 아니고, 일부러 안 한 것도 아닙니다. 숙제 하루 안 한다고 큰일 나지 않습니다. 부모가 왜 그렇게 조마조마해야 하나요? 아침에 서로 약속한 공부도 밤이 되면 아빠나 엄마가 시킨 일로 바뀝니다. 이상합니다. 우리는 분명히 아이들과 함께 결정했는데요.

　우연히 오은영 박사님의 방송을 봤습니다.

"육아의 목표는 아이를 독립시키는 겁니다. 좋아하는 걸 하면서 살도록 독립심을 키워주는 것이 부모 역할입니다."

비슷한 글을 읽었습니다. 심정섭 작가도 '경제적 자유인이 되는 삶'이 교육의 목표라고 합니다. 대학을 가기 위해 오늘 문제집 몇 장 푸는 것보다 경제적으로 독립한 삶을 지향하라는 말입니다. 우리는 아이들에게 학원에 가고 공부하는 것은 너희들을 위해서라고 말했지만, 무엇을 공부할지는 아이들이 결정할 일입니다. 설사 그것이 저희와 다르더라도요.

아이들에게 독립심을 가르치기가 쉽지 않습니다. 우선은 아이들이 가장 많은 시간을 보내는 공부에서부터 시작하기로 했습니다. 그런데 아이들이 알아서 공부하려면 어떻게 해야 하나요? 인생 멘토 임작가는 "학업의 책임은 오롯이 아이에게 있고, 방임하라는 말이 아니다."라고 힌트를 줍니다. 아이들에게 공부는 자기 것이라고 먼저 느끼게 해 줘야 하겠군요. 우선 숙제하라거나 학원에 가란 말을 줄였습니다.

금요일입니다. 큰아들은 저녁 7시에 수학 학원이 있는데 아직 숙제를 다 못했답니다. 학교를 마치고 오후 3시 30분쯤 집에 왔습니다.

간식을 먹더니 침대에 눕습니다. 중학교에 다닌 지 이제 이틀 되었습니다. 학교 수업도 길어지고, 통학 시간도 더 걸립니다. 학교 수업을 이렇게 오래 들은 적도 없었으니 힘들 겁니다. 집에 오면 침대에 누워 친구들과 카톡을 하며 핸드폰을 봅니다. 하루의 긴장을 풀어야죠. 한 시간 동안 화면만 계속 보고 있습니다. 핸드폰 사용 시간이 다 되었으니 그만 보라고 했습니다. 숙제하려고 책상에 앉을 줄 알았습니다. 아닙니다. 핸드폰을 덮으며 자신의 눈꺼풀도 함께 덮습니다. 20분 뒤에 깨워 달라고 합니다. 제 마음은 답답함으로 덮입니다.

지금 숙제하라고 하면 제가 시켜서 한다고 생각할 겁니다. 아이가 자기 일로 느끼지 않겠죠. 깨운다고 일어나지도 않습니다. 20분 후에도 40분이 흐른 뒤에도 큰아들을 흔들었습니다. 여전히 누워있습니다. 이제는 큰아들의 몫이니 기다렸습니다. 저는 거실에서 책을 보고 있었습니다. 큰아들은 조용하길래 계속 자는 줄 알았는데, 어느새 일어나서 숙제하고 있다고 아내가 말해 줍니다. 학원 시간 되니 말하지 않았는데 알아서 가더군요. 숙제를 다 하고 갔는지는 모르겠습니다. 오롯이 큰아들의 책임하에 잘했으리라 믿을 뿐입니다.

큰아들을 보낸 아내가 자기 가슴을 양손으로 토닥이며 '잘 참았어.'라고 말합니다. 두 시간 반 동안 숙제하란 말을 안 했습니다. 이 시간도 참기 어려웠습니다. 오늘만 이렇지 않았으니까요. 책임을 아이에게 준다는 말은 부모가 인내를 기르라는 말과 같았군요. 아내가 말합니다. '책임'과 '방임'을 구분 못 하겠다고요. 아내와 저는 듀엣으로 한숨만 내쉴 뿐이었습니다.

숙제를 안 하거나 학원에 늦으면 엄마에게 전화가 옵니다. 아이의 일을 엄마가 듣습니다. 엄마는 그것이 자기 책임이 되고 아이에게는 잔소리로 전달됩니다. 아들 일이니 그저 사실만 전해 주면 됩니다. 아내는 그것이 참기 어렵다고 합니다. 그 감정은 아이의 것이니 아들이 해결하라고 말해 주고, 우리는 기다리자고 했습니다. 그러면 아내가 다시 이야기하죠. 그러다 아들이 잘못되면 어떡하느냐고요.

이런 것이 부모 맘이죠. 아들들이 잘 되었으면 좋겠습니다. 하나라도 더 주고 싶습니다. 하지만 부모 마음을 받을지 말지를 결정하는 건 아이들입니다. 억지로 주려고 해도 안 받을 때가 있습니다. 그 이상 관여하면 아이는 부모 일이라고 생각해서 더 받기 싫어할 겁니다.

공부는 아이들의 일임을 알게 해 줘야 한다고 아내와 계속 이야기합니다. 하지만 그 과정이 '정말', '진짜로' 힘듭니다. 어찌 보면 대단한 일도 아닙니다. 그저 묵묵히 기다리면 되니까요. 하지만 그 몇 시간을, 하루를 못 참을 때가 많습니다.

자기 일 스스로 하도록 하는 것이 교육의 목표랍니다. 우리는 아이들이 잊어버리지 않도록 할 일만 알려 줄 겁니다. 그 이후로는 무심한 척 지켜보고만 있으면 됩니다. 어금니 꽉 깨물고 허벅지를 꼬집는 일이 있더라도 말입니다.

4.

## 가슴으로 네 목소리를 들어줄게

프렌디(Friend Daddy)라는 말 그대로 '아들과 친구처럼 친근하고 가깝게 지내는 아버지'가 되고 싶었습니다. 아이들이 어렸을 때는 둘도 없는 친구였습니다. 아들들이 커 갈수록 친구처럼 지내기가 쉽지 않네요. 보청기가 필요한 나이도 아닌데, 아들들 말을 알아듣지 못할 때도 많습니다.

가족과 함께할 시간을 늘리고자, 아이들과 고전 읽기나 발표도 했습니다. 서로의 속마음을 보게 되었습니다. 하지만 아이들의 행동까지 다 이해할 수 없습니다. 매번 물어볼 수도 없습니다. 같은 시공간에 있지만, 마음마저 함께 있지는 않습니다.

둘째가 엄마와 수학 문제를 풀고 있었습니다. 엄마가 하루에 풀 다섯 문제를 골라서 메모장에 붙여 주었습니다. 문제집을 풀라고 하면 둘째는 도망갔을 테니까요. 아이들에게 꾸준히 정해진 양을 풀게 하려는 아내의 정성입니다. 둘째는 이런 엄마 마음을 모르는지 첫 문제부터 온몸을 비비 꼬고 하품을 합니다. 한 문제 풀고 일어나고, 두 문제 풀고 다 했답니다. 아내는 옆에서 입만 꽉 다물고 있습니다. 소리친다고 아이들이 집중하지 않습니다. 앞에서 둘을 바라보고 있던 저 역시 입이 근질근질합니다.

　모자가 티격태격하다 둘째가 불쑥 속마음을 털어놓습니다. 여기에 앉아서 공부하는 이유는 엄마가 원하는 것이고, 내가 방에 들어가 놀면 엄마가 싫어하기 때문이랍니다. 저와 아내는 순간 서로 얼굴만 멍하니 바라보고 있었습니다.

　우리를 위해 억지로 공부하고 있다는 둘째에게 뭘 말해 주어야 할까요? 둘째 눈을 보며 조용히 말했습니다. 너의 감정을 솔직히 이야기해 줘서 고맙고, 제일 소중한 건 너 자신이니, 아빠와 엄마를 위해 공부하지 말라고요. 둘째는 고개를 갸우뚱대고 몸을 이리저리 흔듭니다. 고구마 백 개는 먹은 표정도 짓습니다. 자신의 감정을 어떻게 말해야 할지 몰라 답답했나 봅니다. 꼬인 몸은 풀지 않았지만, 얼굴 주름은 펴지더군요. 잠시 기다렸더니 수학 한 문제를 더 풀고는 도망갑니다. 다음날 수학 공부하자고 하니 두 문제는 풀고 투덜거립니다.

　큰아들에게도 비슷한 일이 있었습니다. 주말에 독서 토론 학원 책을 미리 읽어 놔야 합니다. 저녁 9시가 되어서야 책을 힘들게 펼칩니다. 잠깐 보다가는 저희 침대에서 굴러다닙니다. 아내의 목소리가 높아집니다. 첫째는 억울하다는 표정으로 거실에 나와서 하소연을 합니다. 책이 너무 어려운데 무조건 보라고만 한다고요. 이번에도 몰랐었습니다. 요즘 큰아들이 책도 잘 읽어가고 토론도 좋아하기에 책이 쉬운 줄 알았습니다. 큰아들에게 너무 어려운 책은 안 읽어도 된다고, 스트레스받지 말고 책을 재밌게 읽으라고 말해줬습니다. 중요한 건 너고 속마음을 말해줘서 고맙다고 했습니다. 맘이 편해진 큰아들이 그제야 방으로 들어갑니다. 아내는 어려운 부분을 읽어 주기 위해 함께 따라갑니다.

　아이들의 표현력이 좋아지는 만큼 속마음도 자연스럽게 말하리라 생각했습니다. 우리만의 기대였습니다. 아이들은 자신의 감정을 입으로만 표현하지는 않았습니다. 행동이나 울음, 웃음으로도 전달합니다. 자기 생각들보다 우리가 좋아할 말을 먼저 하기도 합니다. 아이들이 자신에게 솔직해지기를 바랐지만, 부모 생각을 해 줍니다. 이런 효도는 안 해줘도 되는데요.

　아이들은 딴청 피우고, 몸을 비비 꼬면서 자기들 생각을 행동으로 말하고 있었습니다. 등을 바닥에 대고 양팔을 퍼덕이며 방까지 가기도 하고, 몸의 반만 소파에 걸친 채 누워있기도 합니다. 우리는 공부하기 싫어서 요령을 피운다고 생각했습니다. 아이들은 하기 싫어, 어려워 등을 온몸으로 표현하고 있었습니다. 귀로만 들으려고 하기에 아이들이 몸으로 하는 말을 보지 못했습니다. 이런 말은 눈으로 보고 가슴으로 들어줘야 합니다.

　아이들의 이 말을 누가 들어줄 수 있을까요? 우리밖에 없습니다. 방바닥을 굼벵이처럼 기어가는 둘째 아들, 침대에서 굴러다니는 큰아들에게 '똑바로 걸어라.', '일어나라.'라고 나무랐습니다. 이제는 너희들 하고 싶은 말 다 하라고 가만히 내버려 둡니다. 어찌나 온몸으로 조잘대는지, 아들들이 하는 이야기를 다 못 알아듣겠습니다. 가만히 지켜보기도 하고, 아들을 꼭 안아 주고는 합니다. 아들 말이 혹시 들릴까 해서요. 귀로는 안 들리는 아이들의 말을 가슴으로 듣고자 노력 중입니다.

5.

## 우리 아들이 아빠 아들이라 행복해

자식 입에 밥 들어갈 때 부모는 행복하다고 합니다. 맞습니다. 주말에 아이들 밥 먹는 모습만 보고 있어도 기분이 좋아집니다. 큰아들과 둘째의 오물오물하는 입을 보면 가만히 아이들만 바라보게 됩니다. 가슴이 벅차오를 때 "아빠 아들이 되어 주어서 고마워."라고 아들들에게 말하기도 했습니다.

첫째가 태어났을 때가 생각납니다. 제가 매일 야근하던 대리 때였습니다. 아침 6시에 지하철로 출근해서 밤 11시에 택시에 실려서 퇴근하였습니다. 근이가 한 살도 안 되었을 무렵의 금요일 밤 9시에 집에 가고 있었습니다. 지하철 빈자리에 앉아서 눈을 감았습니다. 순간 눈꺼풀 뒤에 큰아들의 모습이 곰플레이어로 상영되었습니다. 바구니에 담긴 채 용쓰고, 천장에 달린 모빌을 보고 있고, 손가락을 꼼지락대며 움직이는 모습들이 눈앞에 생생하게 펼쳐지더군요. 집에 가서 보고 싶던 장면들이었습니다. 눈을 감아도 아이 모습이 보인다는 것이 이런 거였군요. 동영상을 보는 내내 핸드폰 진동처럼 제 몸이 부르르 떨렸습니다. 지하철을 타고 아들을 보러 가는 여정이 마냥 즐거웠던 날이었습니다.

형제가 커 가는 모습은 또 다른 기쁨입니다. 둘째는 형을 그대로 따라 합니다. 〈바다탐험대 옥토넛〉을 보면서 "아이, 아이 캡틴!"을 형이 말하면 둘째가 따라서 옹알댑니다. 파워레인저 다이나 포스의 블랙과 레드 코스튬을 입고 함께 포즈를 취하기도 했고요. 둘이서 쌍둥이처럼 붙어 다니는 모습을 보면 뒤에서 흐뭇한 미소가 떠오르고는 했습니다.

그때부터 10년이 훌쩍 지난 지금도 여전히 아이들을 보면 즐겁습니다. 매일 아침 잠자는 아이들을 본 후에 출근합니다. 큰아들은 싱글 침대가 꽉 찰 정도로 커졌습니다. 자면서도 입을 실룩거립니다. 통통한 큰아들 볼과 손을 쓰다듬어 줍니다. 볼은 제 손바닥 안에 꽉 찹니다. 꼭 누르면 깰까 봐 살살 어루만져 줍니다. 손은 오동통합니다. 이

손으로 어제 숙제를 했을 겁니다. 살포시 잡아 줍니다. 이 손으로 어제 게임도 했겠지요. 손깍지를 끼고 살짝 비틀어줍니다. 밑으로 내려진 머리카락을 쓰다듬어 주며 '잘 될 거야.'라고 말해 줍니다.

이제 둘째 방에 들어갑니다. 공룡과 함께 누워 있네요. 밤에 잘 때도 머리는 삐죽삐죽 뻗쳐 있습니다. 머리 정리도 해 줄 겸 아래도 쓰다듬어 줍니다. 갸름한 얼굴에 날씬한 눈썹. 지긋이 다문 입술이 보입니다. 눈썹을 살살 문질러 줍니다. 허벅지까지 올라간 잠옷 다리 한쪽을 발목까지 내려줍니다. 배도 내놓고 자니 다시 덮어주고요. 둘째니까 볼에 뽀뽀도 해 줬습니다. 낮에는 싫다고 하니 밤에만 몰래 합니다. 분명히 몰랐을 텐데 고개를 돌리며 어깨로 자기 볼을 쓱 닦습니다. 얄미워서 코를 살짝 꼬집어 줍니다. 좋아하는 공룡 인형들을 옆에 두고서 방문을 반쯤 닫고 나옵니다.

아이들 자는 모습만 봐도 행복하기는 하지만, 요즘에는 다른 것들도 해 줬으면 좋겠습니다. 수학은 1년 정도라도 선행을 했으면, 해리포터를 영어로 술술 읽었으면, 국어는 학원에서 주는 책을 읽고 비판적 사고력을 충분히 길렀으면, 기타와 피아노는 독주가 가능할 정도로 실력이 늘었으면, 학교 다녀오면 알아서 숙제하고 학원도 시간 맞취 갔으면, 주말에는 다음 주에 대한 계획을 미리 세웠으면 좋겠습니다. 아이들이 커 갈수록 점점 바라는 것들이 많아집니다.

 큰아들이 초등학교 6학년인 2021년 가을이었습니다. 다 함께 점심을 먹고 있었습니다. 아이들에게 화낼 때도 많지만, 밥을 먹을 때는 서로 즐겁습니다. 왼쪽에서 큰아들이 고기를 큼지막하게 먹고 있습니다. 햄스터처럼 통통한 볼에 고기를 꾸역꾸역 넣고 사슴처럼 오물오물 대며 먹습니다. "아빠 아들이 되어 줘서 고마워."라는 말이 불쑥 튀어나왔습니다. 아들은 당연한 표정으로 말합니다. "우리 아빠가 되어 줘서 고마워요."라고요. 잠시 젓가락질하는 것을 잊은 채 웃고만 있었습니다.

 지하철에서 제 눈꺼풀 뒤에 보이던 아들이나, 형을 늘 따라다니던 둘째나, 지금 함께 밥 먹고 있는 아이들 모두 똑같습니다. 이것저것 바라도 언제나 우리에게 기쁨을 주는 자식입니다. 아들에게 아빠의 마음을 솔직하게 표현하니 아들도 솔직하게 말해 주는군요.

 아이가 태어났을 때 우리 사이에는 작은 시냇물이 흐르고 있었습니다. 커 갈수록 강이 점점 넓어집니다. 그 강 이름은 '삶'입니다. 다행히

강을 건너다닐 다리가 하나 있습니다. 다리 이름은 '솔직함'입니다. 물살이 세서 다리가 흔들릴 때도 있습니다. 그때 다리를 튼튼하게 지지해 주는 것은 '믿음'이라는 교각입니다.

  예전에는 강을 쉽게 건널 수 있었습니다. 이제 매년 강은 넓어지고 물도 늘어납니다. 저 혼자 이 다리를 보수할 수가 없습니다. 아들들과 함께해야 합니다. 아이들에게 연장을 주고 못질도 같이합니다. 하지만 제가 요구하는 게 많아질수록 아이들은 다리를 고치러 오지 않습니다. 지금 안 고친다고 다리가 무너지지는 않습니다. 하지만 성수대교도 예고 없이 주저앉았습니다. 다리가 무너지지 않도록 수선할 곳이 있는지 늘 봐야만 합니다. 아들에게 항상 고맙다고, 오늘 잘하고 있다고 말해 줍니다. 다리는 항상 튼튼하게 그 자리에 있을 겁니다.

## 마치는 글

저는 오은영 박사님처럼 교육 전문가도 아닙니다. 대학교에서 유아 교육에 대한 수업을 들어본 적도 없습니다. 아이들을 명문대에 보낸 훌륭한 부모도 아닙니다. 저는 평범한 직장인이고 아내는 보통의 가정주부입니다. 다른 부모들처럼 아이들 잘 키우려고 노력하는 부부일 뿐입니다.

아이들을 어떻게 가르쳐야 하는지 잘 몰랐습니다. 주변에서 하는 대로 학원 많이 보내고, 책 많이 읽게 하면 잘 클 줄 알았습니다. 아니더군요. 학원에 간다고 배운 거를 다 알지 않습니다. 거실에 TV 대신 책장을 놓았다고 아이들이 책을 보지 않습니다. 이상합니다. 유튜브나 책에서 하라는 대로 했는데, 우리 아이들은 왜 그대로 안 될까요?

아들들은 우리에게 힘들다고, 어렵다고 말했었습니다. 남들이 아닌 자기들을 봐달라고요. 불행히도 안 들렸습니다. 아이들이 하는 말은 가슴으로 들어야만 했거든요. 아이들의 목소리가 들리니, 남들처럼 하라고만 할 수 없었습니다. 우리가 달라져야만 하였습니다.

그러나 우리가 변하기는 참 쉽지 않습니다. 여전히 아이들에게 화내고, 잔소리합니다. 아들들이 숙제 대신 게임이나 유튜브 보고 있으면 울화통이 터지기도 합니다. 나쁜 감정과 함께 툭툭 튀어 나간 말에 아이들은 상처를 받습니다. 그래도 바꾸려고 노력하면서 배운 것들이 있습니다.

첫째, 아이들과 우리의 생각은 다릅니다. 우리는 아이들이 학교를 다녀오면 잠시 쉬고 학원 갈 준비를 했으면 좋겠습니다. 다 못한 숙제도 하고요. 낮에 미리 공부해 놓으면 밤에 일찍 잘 수 있을 겁니다. 그러면 아침마다 깨워도 잘 일어날 거고요.

아들들 생각은 다릅니다. 집에 오면 친구들로부터 온 카톡을 봐야 합니다. 재미있다는 유튜브 쇼츠도 봐야 합니다. 지금 보지 않으면 학원 다녀와서는 확인할 시간이 없습니다. 학교에서 힘들었기에 집에 오면 자면서 에너지도 채워야 합니다. 학원에 가기 전에 숙제할 시간은 없습니다. 부모와 아이 마음은 이렇게 다릅니다.

하루를 보내는 방법도 이렇게 다른데, 미래는 어떨까요? 우리는 아들이 커서 자신이 원하는 일을 하면서 좋은 직장 다녔으면 좋겠습니다. 유명한 대학에 가면 취업하기도 쉬울 겁니다. 그러나 우리가 생각하는 아이들의 미래를 당사자들은 모릅니다. 별로 궁금해하지 않아 보입니다. 그것보다 이번 주 게임 이벤트가 뭔지 알고 싶고, 어떤 전략으로 게임을 공략할지가 더 중요하고, 친구들과의 약속이 우선입니다. 아빠, 엄마가 생각한 아이의 20년 뒤 미래가 그들에게 보일 리 없습니다.

아이들이 학원 숙제나 미래를 걱정하지 않은 것은 아닙니다. 다 자신들의 생각이 있습니다. 우리 뜻에 자꾸 아이들을 맞추려고 하니 다투게 됩니다. 우리가 보기에는 잘 모르겠지만, 자기 나름대로 준비하고 있습니다. '우리 아들'이라고 부르지만, 아이들의 생각마저 우리 것으로 할 수는 없더군요.

둘째, 남과 비교한다고 그대로 되지 않습니다. 엄친아는 주변에 있습니다. 키도 크고 잘 생겼습니다. 공부도 잘하고 운동도 열심히 한답니다. 우리 아들들도 그랬으면 좋겠습니다. 외모는 저를 닮아 어쩔 수 없습니다. 일상생활은 엄친아만큼 할 수 있지 않을까 아들들에게 은근히 기대했습니다. 좋은 환경 속에 있으니 큰아들과 둘째도 학원 진도 잘 따라가고 예체능도 하나씩 할 줄 알았죠. 하지만 주변 이야기를 들을수록 우리 아이들이 부족해 보입니다. 충분히 할 수 있고, 더 해야만 하는데, 왠지 우리 아이만 뒤처지는 것 같습니다.

우리가 주변과 비교하고 걱정할수록 아이들도 함께 불안해합니다. 비교 대상과의 차이를 보며 벌써 못 한다고도 합니다. 우리는 아이들 시간 잘 사용하라고 계획표도 미리 짜 주었는데, 자기가 짠 계획이 아니라고 부모 탓을 합니다. 다른 아이들이 어떤지 벤치마킹하라고 알려줬는데 오히려 아이들의 자존감만 떨어뜨렸습니다.

우리 아이들도 잘하고 싶어 하는 것들이 있습니다. 그 과목에 대해서는 비교하고 노력합니다. 그 과목이 수학, 영어는 아닙니다. 자기들이 좋아하는 게이머나, 유튜버를 보고 따라 합니다. 저엉말 열심히요.

우리가 비교할수록 상대와 아이들과의 차이만 더 벌어집니다. 그 간격은 아이들이 스스로 메워 나가야 합니다. 아이들 스스로 비교하고, 차이를 받아들이고, 노력해야 합니다. 비교한다고 아이들이 따라 하지 않습니다.


셋째, 믿고 기다려야 합니다. 아이들과는 생각도, 비교 대상도 다릅니다. 아들들이 혹시 다른 길로 샐까 봐 걱정됩니다. 남보다 늦어질까 봐 불안합니다. 하지만 아들들은 우리가 생각하는 것보다 잘해왔습니다. 전교 임원 나가라고 하지 않아도 혼자서 준비해서 나갔습니다. 피아노 싫다고 하면서도 꾸역꾸역 배우더니, 혼자서 곡도 만들고는 합니다. 글쓰기 어렵다고 투덜대지만 기다려 주니 책이 나오더군요.

아이들을 보고 있으면 조급해져서 자꾸 보챕니다. 그렇다고 아이들이 바로바로 움직이지 않습니다. 제 가슴을 두드려도 보지만 손하고 가슴만 아플 뿐이죠. 기다리면 아이들은 자기 방식대로 길을 찾아갑니다. 우리가 생각했던 이상으로요. 허벅지를 꼬집으면서 참아야 할 때도 있습니다. 답답해서 속이 터질 때까지 기다리기도 합니다. 아이들은 우리가 믿고 기다리는 만큼 성장해갑니다.

우리는 지금껏 경험한 내용들을 아이들 특성에 맞게 꾸준히 실천하면 됩니다. 하지만, 불안함과 조급함은 없어지지 않습니다. 이럴 때는 제가 쓴 글들이 저를 도와줍니다. 잔소리가 나오려고 하면 책 속의 내가 오늘의 나에게 말합니다.

"왜 그래? 아마추어같이."

입술에 걸려 있던 말이 쏙 들어갑니다. 불안했던 마음을 잠시 가라앉히고 다시 우리 아이들만 봅니다. 제가 변하려고 노력하는 만큼 아이들도 달라집니다. 내일은 또 다른 모습일 겁니다. 하루하루 커지는 키와 몸무게처럼 우리 아이들의 마음과 꿈도 커지리라 믿습니다.